De l'habitude

FELIX RAVAISSON

De l'habitude

Présenté par

CLAIRE MARIN

IDEM • VELLE

AC • IDEM • NOLLE

ÉDITIONS ALLIA

16, RUE CHARLEMAGNE, PARIS IVe

2007

Ὥσπερ γὰρ φὺσις ἤδη τὸ ἔθος.
Aristote, *De Mem.*

I

L'HABITUDE, dans le sens le plus étendu, est la manière d'être générale et permanente, l'état d'une existence considérée, soit dans l'ensemble de ses éléments, soit dans la succession de ses époques.

L'habitude acquise est celle qui est la conséquence d'un changement.

Mais ce qu'on entend spécialement par l'*habitude*, et ce qui fait le sujet de ce travail, ce n'est pas seulement l'habitude acquise, mais l'habitude contractée, par suite d'un changement, à l'égard de ce changement même qui lui a donné naissance.

Or, si l'habitude, une fois acquise, est une manière d'être générale, permanente, et si le changement est passager, l'habitude subsiste au-delà du changement dont elle est le résultat. En outre, si elle ne se rapporte, en tant qu'elle est une habitude, et par son essence même, qu'au changement qui l'a engendrée, l'habitude subsiste pour un changement qui n'est plus et qui n'est pas encore, pour un changement possible ; c'est là le signe même auquel elle doit être reconnue. Ce n'est donc pas seulement un état, mais une disposition, une vertu.

Enfin, à l'exception du changement qui fait passer l'être du néant à l'existence, ou de l'existence au néant, tout changement s'accomplit dans un temps ; or ce qui engendre dans l'être une habitude, ce n'est pas le changement, en tant qu'il modifie l'être seulement, mais en tant qu'il s'accomplit dans le temps. L'habitude a d'autant plus de force que la modification qui l'a produite se prolonge ou se répète davantage. L'habitude est donc une disposition, à l'égard d'un changement, engendrée dans un être par la continuité ou la répétition de ce même changement.

Rien n'est donc susceptible d'habitude que ce qui est susceptible de changement ; mais tout ce qui est susceptible de changement n'est pas par cela seul susceptible d'habitude. Le corps change de lieu ; mais on a beau lancer un corps cent fois de suite dans la même direction, avec la même vitesse, il n'en contracte pas pour cela une habitude : il reste toujours le même qu'il était à l'égard de ce mouvement après qu'on le lui a imprimé cent fois [1]. L'habitude n'implique

1. Aristote, *Eth., Eud.*, II, 2 : Ἐθίζεται δὲ τὸ ὑπ᾽ ἀγωγῆς μὴ ἐμφύτου τῷ πολλάκις κινεῖσθαί πως, οὕτως ἤδη τὸ ἐνεργητικόν, ὃ ἐν τοῖς ἀψυχοῖς οὐχ ὁρῶμεν. Οὐδὲ γὰρ

pas seulement la mutabilité ; elle n'implique pas seulement la mutabilité en quelque chose qui dure sans changer, elle suppose un changement dans la disposition, dans la puissance, dans la vertu intérieure de ce en quoi le changement se passe, et qui ne change point.

I. La loi universelle, le caractère fondamental de l'être, est la tendance à persister dans sa manière d'être.

Les conditions sous lesquelles l'être nous apparaît sur la scène du monde sont l'Espace et le Temps.

L'espace est la condition et la forme la plus apparente et la plus élémentaire de la stabilité, ou de la permanence ; le temps, la condition universelle du changement. Le changement le plus simple, comme le plus général, est aussi celui qui est relatif à l'espace même, ou le mouvement.

La forme la plus élémentaire de l'existence est donc *l'étendue mobile* ; c'est ce qui constitue le caractère général du *corps.*

Si tout être tend à persister dans son être, toute étendue mobile, tout mobile (car il n'y a

ἂν μυριάκις ῥίψῃς ἄνω τὸν λίθον, οὐδέποτε ποιήσει τοῦτο μὴ βίᾳ.

de mobile que ce qui est étendu) persiste dans son mouvement ; il y persiste avec une énergie précisément égale à la quantité de ce mouvement même ; cette tendance à persévérer dans le mouvement est l'inertie [1].

Dès le premier degré de l'existence se trouvent donc réunis : la permanence, le changement ; et, dans le changement même, la tendance à la permanence.

Mais l'inertie n'est pas une puissance déterminée, susceptible d'être convertie en une disposition constante. C'est une puissance indéfiniment variable comme le mouvement même, et indéfiniment répandue dans l'infinité de la matière. Pour constituer une existence réelle, où l'habitude puisse prendre racine, il faut une unité réelle ; il faut donc quelque chose qui, dans cette infinité de la matière, constitue, sous une forme ou sous une autre, l'unité, l'identité. Tels sont les principes qui déterminent, sous des formes de plus en plus compliquées et de plus en plus particulières, la synthèse des éléments, depuis l'union extérieure dans l'espace jusqu'aux combinaisons les plus intimes, depuis la syn-

1. Voir Leibniz, *passim*, et surtout *Théodicée*.

thèse mécanique de la pesanteur et de l'attraction moléculaire jusqu'à la synthèse la plus profonde des affinités chimiques.

Mais, dans toute l'étendue de ce premier règne de la nature : ou les éléments qui s'unissent ne changent, en s'unissant, que de rapports entre eux ; ou ils s'annulent réciproquement, en se faisant équilibre ; ou ils se transforment en une résultante commune, différente des éléments. Le premier de ces trois degrés est l'union mécanique ; le second, l'union physique (par exemple des deux électricités) ; le troisième, l'union, la combinaison chimique.

Dans les trois cas, nous ne voyons pas de changement qui s'accomplisse dans un temps mesurable. Entre ce qui pouvait être et ce qui est, nous ne voyons pas de milieu, aucun intervalle ; c'est un passage immédiat de la puissance à l'acte ; et, hors de l'acte, il ne demeure pas de puissance qui en soit distinguée et qui y survive. Il n'y a donc point là de changement durable qui puisse donner naissance à l'habitude, et de puissance permanente où elle trouve à s'établir.

En outre, le résultat et le signe de la réalisation immédiate de leurs puissances en un acte commun, c'est que toutes les différences des parties constituantes disparaissent dans l'uniformité du tout ; mécanique, physique ou chimique, la synthèse est parfaitement homogène.

Or, quelle qu'ait été la diversité originelle de ces éléments constitutifs, un tout homogène est toujours indéfiniment divisible en parties intégrantes semblables entre elles et semblables au tout. Si loin que pénètre la division, elle ne trouve pas l'indivisible. La chimie cherche vainement l'atome, qui recule à l'infini. L'homogénéité exclut donc l'individualité ; elle exclut l'unité véritable, et par conséquent le véritable être. Dans un tout homogène, il y a de l'être, sans doute, mais il n'y a pas un être.

En toute synthèse homogène, il n'y a qu'une existence indéfiniment divisible et multiple, sous l'empire de forces diffuses, où le fait semble se confondre avec la loi, et la loi avec la cause dans l'uniformité d'une nécessité générale. Il n'y a point là de substance déterminée et d'énergie individuelle où la puissance réside, et où puisse s'établir et se conserver une habitude.

L'habitude n'est donc pas possible dans cet empire de l'immédiation et de l'homogénéité qui forme le règne inorganique.

II. Dès que le changement qui opère la synthèse dans la nature n'est plus une réunion ou une combinaison immédiate, dès qu'il y a un temps mesurable entre la fin et le principe, la synthèse n'est plus homogène. Comme il faut, pour y arriver, une suite d'intermédiaires dans le temps, de même il faut dans l'espace un ensemble de moyens, il faut des instruments, des organes. Cette unité hétérogène dans l'espace, c'est l'Organisation. Cette unité successive dans le temps, c'est la Vie ; or, avec la succession et l'hétérogénéité, l'individualité commence. Un tout hétérogène ne se divise plus en parties semblables entre elles et semblables au tout. Ce n'est plus seulement de l'être, c'est un être.

C'est donc, à ce qu'il semble, un seul et même sujet, une substance déterminée qui développe, sous des formes et à des époques diverses, sa puissance intérieure. Ici paraissent réunies à la fois, du même coup, toutes les conditions de l'habitude.

Avec la vie commence l'individualité. Le caractère général de la vie, c'est donc qu'au milieu du monde elle forme un monde à part, un et indivisible. Les choses inorganisées, les corps, sont livrés sans réserve et immédiatement soumis aux influences du dehors, qui font leur existence même. Ce sont des existences tout extérieures, assujetties aux lois générales d'une nécessité commune. Au contraire, tout être vivant a sa destinée propre, son essence particulière, sa nature constante au milieu du changement. Sans doute, tout ce qui change est dans la nature, comme tout ce qui est est dans l'être. Mais seul l'être vivant est une nature distincte, comme seul il est un être. C'est donc dans le principe de la vie que consiste proprement la nature comme l'être.

Le règne inorganique peut donc être considéré, en ce sens, comme l'empire du Destin, le règne organique comme l'empire de la Nature.

Ainsi l'habitude ne peut commencer que là où commence la nature elle-même.

Or, dès le premier degré de la vie, il semble que la continuité ou la répétition d'un changement modifie à l'égard de ce changement même la disposition de l'être et que, par cet endroit, elle modifie la nature.

La vie est supérieure à l'existence inorganique ; mais par cela même elle la suppose comme sa condition. La forme la plus simple de l'être en est nécessairement aussi la plus générale ; elle est par conséquent la condition de toute autre forme. L'organisation a donc dans le monde inorganique la matière à laquelle elle donne la forme. La synthèse hétérogène de l'organisme se résout, en dernière analyse, en des principes homogènes, et par conséquent inorganiques. La vie n'est donc pas, dans le monde extérieur, un monde isolé et indépendant ; elle y est enchaînée par ses conditions, et assujettie à ses lois générales. Elle subit sans cesse l'influence du dehors : seulement elle la surmonte et elle en triomphe sans cesse. Ainsi elle reçoit le changement par son rapport avec sa forme inférieure d'existence, qui est sa condition, ou sa matière ; elle commence le changement, à ce qu'il semble, par la vertu supérieure qui est sa nature même. La vie implique l'opposition de la réceptivité et de la spontanéité.

Or l'effet général de la continuité et de la répétition du changement que l'être vivant reçoit d'ailleurs que de lui-même, c'est que, si ce changement ne va pas jusqu'à le détruire, il en est toujours de moins en moins altéré. Au contraire, plus l'être vivant a répété ou prolongé un changement qui a son origine en lui, plus encore il le produit et semble tendre à le reproduire. Le changement qui lui est venu du dehors lui devient donc de plus en plus étranger ; le changement qui lui est venu de lui-même lui devient de plus en plus propre. La réceptivité diminue, la spontanéité augmente. Telle est la loi générale de la disposition, de l'habitude que la continuité ou la répétition du changement semble engendrer dans tout être vivant. Si donc le caractère de la nature, qui fait la vie, est la prédominance de la spontanéité sur la réceptivité, l'habitude ne suppose pas seulement la nature ; elle se développe dans la direction même de la nature ; elle abonde dans le même sens.

Tant que l'organisation s'éloigne peu de l'homogénéité inorganique, tant que la cause de la vie est, sinon multiple et diffuse, du moins encore près de l'être, tant que les transformations en sont peu nombreuses, en un mot, tant que la puissance dont la vie est la manifestation n'a qu'un petit nombre de degrés à parcourir pour atteindre sa fin, l'existence est à peine affranchie de la nécessité, et l'habitude y pénètre difficilement. L'habitude n'a que peu d'accès dans la vie végétale. Cependant, la durée du changement laisse déjà des traces durables, non seulement dans la constitution matérielle de la plante, mais dans la forme supérieure de sa vie. Les plantes les plus sauvages cèdent à la culture :

... Hœc quoque si quis
Inserat, aut scrobibus mandet mutata subactis,

Exuerint silvestrem animum, cultuque frequenti,
In quascumque voces artes haud tarda sequentur[1].

III. Mais la végétation n'est pas la forme la plus élevée de la vie. Au-dessus de la vie végétale[2], il y a la vie animale. Or un degré de vie supérieur implique une plus grande variété de métamorphoses, une organisation plus compliquée, une hétérogénéité supérieure. Dès lors, il y faut des éléments plus divers ; pour que l'être les absorbe en sa propre substance, il faut qu'il les prépare et les transforme[3]. Pour cela il faut qu'il les approche de quelque organe qui y soit propre. Il faut donc qu'il se meuve, au moins par parties, dans l'espace extérieur. Il faut enfin qu'il y ait quelque chose en lui sur quoi les objets extérieurs fassent quelque impression, de quelque nature

1. Virgile, *Georg.*, II, 49.

2. *La Vie organique* de Bichat, qui ne la considère que dans l'animal.

3. Sur le caractère et le rang physiologique de ces fonctions (digestives, respiratrices, excrétives), voir Buisson, *De la division la plus naturelle des phénomènes physiologiques*. Je les considère ici, avec cet auteur, comme formant l'intermédiaire et la transition entre les *deux vies* de Bichat.

qu'elle soit, mais qui détermine les mouvements convenables. Telles sont les conditions les plus générales de la vie animale.

Or, à mesure qu'on s'élève dans l'échelle des êtres, on voit se multiplier et se définir les rapports de l'existence avec les deux conditions de la permanence et du changement dans la nature, l'espace et le temps ; et la permanence et le changement sont les conditions premières de l'habitude.

La loi élémentaire de l'existence est l'étendue, sans forme ni grandeur définies, avec la mobilité indéfinie : c'est le caractère général du corps. La première forme qui le détermine est la figure définie dans sa forme, et la mobilité définie dans sa direction ; c'est le caractère général du minéral (solide). La première forme de la vie est le développement, l'accroissement dans l'espace, défini en direction et en grandeur, sous la figure définie dans sa grandeur comme dans sa forme : c'est la vie végétale. Enfin, le caractère général et le signe le plus apparent de la vie animale est le mouvement dans l'espace. À cette suite de rapports avec l'espace et le mouvement se lie une suite de rapports analogues avec le temps. Le corps existe sans rien devenir : il est en quelque sorte hors du temps. La vie végétale veut un certain temps qu'elle remplit de sa continuité. La vie animale n'est plus continue ; toutes ses fonctions ont des alternatives de repos et de mouvement ; toutes sont intermittentes [1] au moins dans la succession de la veille et du sommeil ; les fonctions intermédiaires qui ont pour fin immédiate la préparation à la vie végétale sont assujetties à des périodes plus courtes et plus régulières.

L'existence inorganique n'a donc aucune relation définie avec le temps. La vie implique une durée définie, continue ; la vie animale, une durée définie, entrecoupée d'intervalles vides, et distinguée en périodes, un temps divisé et discret.

Or c'est dans l'intermittence des fonctions que semble se manifester le plus clairement la spontanéité. Le caractère de la spontanéité est l'initiative du mouvement. L'initiative paraît évidente quand le mouvement recommence après avoir cessé, et en l'absence de toute cause externe. Il y faut, ce semble, plus de force aussi et plus d'effort pour soulever la matière affaissée et retombée sur elle-même.

Dès le premier degré de la vie animale commence en effet à se manifester hautement la

1. Bichat, *Recherche sur la vie*, art. IV. Cf. Aristote, *De somno et vigil.*

double influence de la seule durée du changement. Les éléments qui excitaient d'abord dans les organes une irritation extraordinaire cessent à la longue de l'exciter sans que rien semble changé dans la constitution même de l'organe. C'est un abaissement graduel de la réceptivité. D'un autre côté, les fluides vitaux soumis dans leur cours aux intermittences caractéristiques de la vie animale affluent de plus en plus, sans cause extérieure subsistante, au moins en apparence, dans les parties où ils ont été appelés. Ils y affluent aux mêmes époques. L'habitude se révèle comme la spontanéité dans la régularité des périodes. Si la veine a été ouverte plus d'une fois à des intervalles de temps réguliers, après les mêmes intervalles le sang s'y porte et s'y accumule de lui-même [1]. L'inflammation, le spasme, la convulsion ont leurs retours réglés, sans aucune apparence de cause déterminante dans le matériel de l'organisme [2]. Toute fièvre

1. Stahl, Physiolog., p.298, in *Theoria medica vera*. – *De motu tonico, et independente motu sanguinis particulari, quo demonstratur, stante circulatione, sanguinem, et cum eo commeantes humores ad quamlibet corporis partem, prae aliis, copiosius dirigi et propelli posse, etc.* (Jenae, 1692, in-4°).

2. Richter, *De affectibus periodicis* (1702, in-4°). - 8. Rhe-

dont le hasard a ramené les accès à des intervalles égaux tend à se convertir en une affection périodique ; la périodicité devient de son essence. Tout cela, c'est une exaltation graduelle de la spontanéité.

IV. Si l'on s'élève d'un degré de plus dans la vie, l'être ne se meut plus seulement par parties, il se meut tout entier dans l'espace ; il change de lieu. En même temps s'ajoutent à ses organes des organes nouveaux qui reçoivent à des distances de plus en plus grandes l'impression des objets extérieurs. Dans ce nouveau période, se prononce avec une force nouvelle le contraste de la réceptivité et de la spontanéité.

En effet, dans le monde inorganique, la réaction est exactement égale à l'action, ou plutôt, dans cette existence tout extérieure et superficielle, l'action et la réaction se confondent : c'est un seul et même acte, à deux points de vue différents. Dans la vie, l'action

tius, *De morbis habitualibus* (Halae, 1698, in-4°). – Jung, *De Consuetudinis efficacia generali in actibus vitalibus* (Haelae, 1705, in-4°). – Ce sont des thèses soutenues par la présidence de Stahl. – Cf. Barthez, *Nouv. élém. de la sience de l'homme*, XIII, I.

du monde extérieur et la réaction de la vie elle-même deviennent de plus en plus différentes, et paraissent de plus en plus indépendantes l'une de l'autre. Dans la vie végétale, elles se ressemblent encore et s'enchaînent de près. Dès le premier degré de la vie animale, elles s'écartent et se différencient, et à des affections imperceptibles de la réceptivité répondent des agitations plus ou moins considérables dans l'espace. Mais aussitôt que l'animal se meut et se transporte tout entier, l'opposition de la réceptivité et de la spontanéité prend un caractère tout nouveau. Les objets extérieurs font impression sur les organes propres de cette réceptivité supérieure, par l'intermédiaire de fluides de plus en plus rares et subtils, l'air et l'éther, tandis que les mouvements qui semblent répondre à ces impressions sont de plus en plus amples, et de plus en plus compliqués.

La double loi de l'influence contraire de la durée du changement sur l'être, selon qu'il le subit seulement ou qu'il le commence, la double loi de l'habitude doit donc aussi se manifester ici par des traits plus sensibles et plus incontestables. Les impressions perdent leur force à mesure qu'elles se reproduisent davantage. Or les impressions sont ici de plus en plus légères, et intéressent de moins en moins la constitution physique des organes. L'affaiblissement graduel de la réceptivité semble donc de plus en plus l'effet d'une cause hyperorganique. D'un autre côté, les mouvements sont de plus en plus disproportionnés aux impressions de la réceptivité. Le progrès du mouvement semble donc aussi de plus en plus indépendant dans son principe de l'altération matérielle de l'organisme [1].

Mais si la réaction est de plus en plus éloignée et indépendante de l'action à laquelle elle répond, il semble que de plus en plus il faut un centre qui leur serve de commune limite, où l'une arrive et d'où l'autre parte ; un centre réglant de plus en plus par lui-même, à sa manière, en son temps, le rapport de moins en moins immédiat et nécessaire de la réaction qu'il produit avec l'action qu'il a subie. Ce n'est pas assez d'un moyen terme indifférent

1. Stahl, *Physiolog.*, p. 214 : "Adeo quidem ut in hoc maxime negocio impingat recentiorum inanis speculatio, dum paribus eventibus causas *materialiter* pares assignat, etc." – Dans la doctrine contraire du mécanisme cartésien, voir spécialement, sur l'égalité de l'action et de la réaction, Buffon, *De la nature des animaux*.

comme le centre des forces opposées du levier ; de plus en plus, il faut un centre qui, par sa propre vertu, mesure et dispense la force [1].

Que serait-ce donc qu'une semblable mesure, sinon un juge qui connaît, qui estime, qui prévoit et qui décide ? Qu'est-ce que ce juge, sinon ce principe qu'on appelle l'âme ?

Ainsi semble apparaître dans l'empire de la Nature le règne de la connaissance, de la prévoyance, et poindre la première lueur de la Liberté.

Cependant, ce sont des indices obscurs encore, incertains et contestés ; mais la vie fait un dernier pas. La puissance motrice arrive, avec les organes du mouvement, au dernier degré de perfection. L'être, sorti, à l'origine, de la fatalité du monde mécanique, se manifeste, dans le monde mécanique, sous la forme accomplie de la plus libre activité. Or cet être, c'est nous-même [2]. Ici commence la conscience, et dans la conscience éclatent l'intelligence et la volonté.

Jusque-là, la nature est pour nous un spectacle que nous ne voyons que du dehors. Nous ne

1. Cf. Aristote, *De An.*, III, 6.

2. Aristote, *De Part. Anim.*, IV, 10. – Maine de Biran, *passim.*

voyons des choses que l'extériorité de l'acte ; nous ne voyons pas la disposition, non plus que la puissance. Dans la conscience, au contraire, c'est le même être qui agit et qui voit l'acte, ou plutôt l'acte et la vue de l'acte se confondent. L'auteur, le drame, l'acteur, le spectateur, ne font qu'un. C'est donc ici seulement qu'on peut espérer de surprendre le principe de l'acte.

C'est donc dans la conscience seule que nous pouvons trouver le type de l'habitude ; c'est dans la conscience seule que nous pouvons espérer non plus seulement d'en constater la loi apparente, mais d'en apprendre le *comment* et le *pourquoi*, d'en pénétrer la génération, et d'en comprendre la cause.

II

1. La conscience implique la science, et la science l'intelligence. La condition générale de l'intelligence, comme de l'existence, est l'unité. Mais dans l'unité absolument indivisible de la simple intuition d'un objet simple, la science s'évanouit, et par conséquent la conscience. L'idée, objet de la science, est l'unité intelligible d'une diversité quelconque. La synthèse de la diversité dans l'unité de

l'idée est le jugement. La faculté de juger est l'entendement.

La science est donc dans l'entendement ; or l'entendement a ses conditions auxquelles il assujettit la science.

La diversité est la matière et l'unité la forme de la quantité. Or l'entendement ne saisit la quantité que sous la condition particulière et déterminante de la distinction des parties, c'est-à-dire sous la forme de l'unité de la pluralité, de la quantité discrète, du nombre. L'idée de la distinction des parties ne se détermine, à son tour, dans l'entendement, que sous la condition plus particulière encore de la distinction d'intervalles qui les séparent ; en d'autres termes, l'entendement ne se représente le nombre que dans la pluralité des limites d'une quantité continue. Enfin, la continuité ne se laisse saisir par l'entendement que sous la condition de la coexistence. La quantité continue coexistante est l'étendue. Ainsi la quantité est la forme logique, scientifique de l'étendue ; et l'entendement ne se représente la quantité que sous la forme sensible de l'étendue, dans l'intuition de l'espace [1].

1. Aristote, *De Mem.*, 1 : Νοεῖν οὐκ ἔστιν ἄνευ φαντάσ–

Mais il n'y a rien, dans l'indéfini de l'espace, de défini, ni d'un. Ce n'est pas dans cette diffusion sans forme et sans bornes que je trouve l'unité. C'est donc en moi que je la puise pour la transporter hors de moi et pour me l'opposer.

En outre, si je ne me représente la diversité que dans la pluralité des divisions que j'établis

ματος. Καὶ ὁ νοῶν..., κἂν μὴ ποσὸν νοῇ τίθεται πρὸ ὀμμάτων ποσόν, νοεῖ δ'οὐχ ᾗ ποσόν. – *De An.*, III, 7, 8. – *Kant, Crit. de la raison pure : Du schématisme des concepts intellectuels purs.* – Stahl, *Negotium otiosum seu* σκιαμαχία (Halae, 1720, in-4° : c'est une apologie de ses doctrines en réponse à Leibniz). – P. 169 : "Nihil quicquam, non solum physici, sed, nequidem ullo sensu moralis mente concipi seu *definite* comprehendi posse agnosco, nisi sub *exemplo figurabili*...seu imaginativa repraesentatione." – P. 39 : Anima, quicquid contemplatur, cogitat, reminiscitur, non sub alio concipiendi modo assequitur, quam sub *figurabili*, corporalibus *finibus* seu terminis circumscripto." – P. 17 : "Omnibus autem hisce considerationibus fundamentum substernit *differentia* λόγου et λογισμοῦ : *rationis* absque *phantasia* (cujus exemplum sunt omnes sensus, in objectis suis simplicioribus), et *ratiocinationis*, seu *cogitationis* cum *phantasia*; cui nihil subjacet, nisi quod figurabile est." – *Physiolog.*, p.297. – Destutt de Tracy, *Elém. d'idéolog.*, I, 173. Cf. Maine de Biran, *Influence de l'habitude sur la faculté de penser* (1802, in-8°), p. 299.

dans l'étendue, et où je réfléchis ma propre unité, il faut, pour m'en représenter la totalité, l'unité d'ensemble, que j'ajoute les unes aux autres les parties et que je les rassemble ; l'addition est successive ; elle implique le temps.

Mais dans le temps tout passe, rien ne demeure. Comment mesurer ce flux non interrompu et cette diffusion sans bornes aussi de la succession, sinon par quelque chose qui ne passe pas, mais qui subsiste et dure ? Et qu'est-ce encore si ce n'est moi ? Car tout ce qui est de l'espace est hors du temps. En moi se trouve la substance, dans le temps à la fois et hors du temps, mesure du changement comme de la permanence, type de l'identité [1].

Maintenant si, pour la synthèse de la diversité dans l'étendue, il faut l'addition, et si l'addition n'est possible que dans le temps, pour réaliser l'addition elle-même à travers la continuité de l'étendue, ne faut-il pas le passage continu d'une extrémité à l'autre par toutes les divisions intermédiaires ? Ce passage est le mouvement, le mouvement que j'accomplis immobile du sein de mon identité [2].

1. Cf. Kant, *loc . cit.*

2. Aristote, *loc. cit.* – Kant, *loc. cit.*

De plus, les parties de l'espace ont leur ordre ; le mouvement a sa direction, réglée sur l'ordre des parties. Pour me représenter la synthèse de la diversité dans l'espace, non seulement il faut que je sois le sujet substantiel qui accomplisse le mouvement, au moins par l'imagination : il faut encore que j'en conçoive, que j'en marque la fin, et que j'en veuille la direction.

L'étendue est donc pour l'entendement la condition du développement de la quantité, et le mouvement la forme nécessaire de la synthèse de la quantité. Rien ne nous est distinctement intelligible que ce que nous pouvons nous figurer dans le champ de l'imagination ; nous ne concevons rien en effet d'une manière distincte que nous ne décrivions en effet à nous-même, dans un espace imaginaire [1]. Et dans toute conception distincte est enveloppée par cela même la conscience, plus ou moins obscure, de l'activité volontaire, et de la personnalité.

Mais dans ces termes le mouvement est encore une généralité indéterminée. Tout mouvement réel a sa quantité. Ce n'est pas l'étendue, ni la vitesse toute seule ; c'est le degré même de sa

1. Kant, *ibid.*

réalité, dont la vitesse et l'amplitude ne sont que le résultat et le signe : c'est l'intensité. Or l'intensité, le degré de la réalité n'a sa mesure directe que dans l'énergie de la cause, dans la force. D'un autre côté, si la force est à elle-même sa mesure, elle se mesure aussi, elle mesure du moins et proportionne son énergie actuelle à la résistance qu'elle doit vaincre. Le mouvement est la résultante de l'excès de la puissance sur la résistance. Le rapport et la mesure de la puissance et de la résistance sont dans la conscience de *l'effort*.

Enfin, si le sujet qui s'oppose à l'objectivité de l'étendue ne se connaît que dans l'action par laquelle il imprime le mouvement, et si l'activité motrice a sa mesure dans l'effort, c'est dans la conscience de l'effort qui se manifeste nécessairement à elle-même, sous la forme éminente de l'activité volontaire, la personnalité [1].

L'effort enveloppe deux éléments, l'action et la passion. La passion est la manière d'être qui a sa cause immédiate en quelque chose de différent de l'être auquel elle appartient. L'action

1. M. de Biran, *passim*. Sur l'idée de l'*effort* comme source première de la connaissance, cf. Rey Régis, *Histoire naturelle de l'âme*.

est la manière d'être dont l'être à qui elle appartient est à soi-même la cause immédiate. La passion et l'action sont donc contraires l'une à l'autre ; et l'assemblage de ces contraires contient toutes les formes possibles de l'existence. L'effort n'est donc pas seulement la condition première, mais aussi le type complet et l'abrégé de la conscience.

L'action est la condition immédiate de la distinction du sujet et de l'objet de la connaissance ; c'est donc la condition de la connaissance distincte. La passion, contraire de l'action, est donc incompatible, par elle-même, avec la connaissance et la conscience distincte. Elle ne peut être que la matière d'une connaissance confuse, à peine distinguée et de l'objet et du sujet de la connaissance même. À l'action est étroitement liée la *perception* claire ; la passion n'est dans la conscience que l'obscure *sensation.* Dans toute l'étendue de la conscience, la perception et la sensation sont donc en sens et en raison inverse, comme l'action et la passion qu'elles représentent ; c'est une loi nécessaire [1].

L'effort est en quelque sorte le lieu d'équilibre où l'action et la passion, et par conséquent la

1. M. de Biran, *Infl. de l'habitude*..., p.17 sqq.

perception et la sensation, se balancent l'une l'autre. C'est la limite commune de ces contraires, le moyen terme où se touchent ces extrêmes.

L'effort s'accomplit dans le tact. Le tact s'étend de l'extrémité de la passion à celle de l'action. Il en comprend dans son développement tous les degrés intermédiaires ; il en vérifie, à tous ces degrés, la loi de réciprocité.

Tant que les organes du tact sont hors de la sphère du mouvement volontaire, la sensation y règne seule. Elle y règne d'abord sous la forme presque exclusive de l'affection, du plaisir ou de la douleur. Le sujet qui l'éprouve s'en distingue à peine. Tout en est concentré en lui-même, et comme dans le fond obscur de son être. Telles sont les affections vagues qui se rapportent aux phénomènes internes de la vie végétale. Telles sont les sensations qui subsistent seules dans les organes mêmes de l'activité volontaire, quand la paralysie y a aboli le mouvement. Elles sont enfin, quoique déjà plus distinctes, les sensations de la chaleur et du froid. Ce sont des passions sur lesquelles l'intelligence n'a aucune prise, qui échappent à la mémoire, et que la volonté ne rappelle point [1].

1. M. de Biran, *Infl. de l'habitude...*, p.27 sqq.

Au contraire, dès que les organes du tact obéissent sans résistance à la volonté, c'est la perception qui règne seule. La sensation, la passion, a disparu, et dans le champ de l'étendue que parcourt et mesure le mouvement, tout est objet d'intelligence et de science.

Mais, en même temps, et à mesure que la résistance s'évanouit, rien ne réfléchit plus sur lui-même le principe de l'action ; rien ne le rappelle à lui [1]. Sa volonté se perd dans l'excès de sa liberté. Dans la passion pure, le sujet qui l'éprouve est tout en lui, et par cela même ne se distingue pas et ne se connaît pas encore. Dans l'action pure, il est tout hors de lui, et ne se connaît plus. La personnalité périt également et dans la subjectivité et dans l'objectivité extrêmes : ici par l'action, et là par la passion. C'est dans la région moyenne du tact, c'est dans ce moyen terme mystérieux de l'effort que se trouve avec la réflexion la conscience la plus claire et la plus assurée de la personnalité.

Dans les quatre sens qui s'échelonnent entre les limites extrêmes du développement du tact, mêmes rapports, soumis à la même loi [2].

1. M. de Biran, *Infl. de l'habitude...*, p. 27 sqq.

2. Cf. *eumd., ibid.* On trouve des recherches intéressantes

Le tact, dans sa passivité élémentaire, n'implique aucun mouvement. Les sens relatifs aux fonctions qui préparent la vie végétale, le goût et l'odorat, ne supposent aussi que des mouvements préparatoires pour mettre en contact l'objet avec l'organe. L'organe en lui-même est étranger au mouvement. L'*extériorité* n'entre donc pour rien dans les représentations de ces deux sens, ni par conséquent l'*objectivité*, qui suppose l'imagination du mouvement et de l'étendue, ni enfin la connaissance distincte et la perception. Le sujet sait à peine si la saveur, si l'odeur est en lui, si c'est lui-même, ou bien si c'est autre chose que lui. Les philosophes se le demandent encore [1] : comme la chaleur et le froid, peu s'en faut que ce soient des affections autant que des qualités. La conscience n'y démêle pas des parties, mais seulement des degrés d'intensité ; ce sont presque des sensations pures.

Il n'en est pas de même des sens plus relevés de l'ouïe et de la vue. L'ouïe n'est plus, comme

sur la différence de la sensation et de la perception, dans les *Considérations sur la sensibilité*, de M. Paffe (1832, in-8°).

1. C'est la question de l'objectivité des *Qualités secondes*.

le goût et l'odorat, l'instrument simple d'une réceptivité immédiate. Elle implique déjà un mécanisme dans l'organe, un mouvement dans la fonction : dès lors, le son n'est plus uniquement une sensation, mais un objet de perception distincte. L'oreille y compte, sans le savoir, des vibrations mesurables, figurables dans l'espace. Surtout, la voix est comme un organe accessoire qui réfléchit l'ouïe, et lui communique son mouvement et son activité [1]. Le mouvement interne de l'organe propre de l'ouïe est moléculaire en quelque sorte, et à peine perceptible : le mouvement plus prononcé de l'organe vocal achève de changer le son, d'une sensation inexplicable, en un objet distinct d'imagination et de conception, en une idée qui a ses parties, qui peut être décomposée et recomposée, expliquée et enseignée.

Dans le sens de la vue, où le mécanisme est, sinon plus compliqué, du moins plus extérieur et plus apparent, non seulement aux

1. Buffon, *De la nature des animaux*. – Maine de Biran (*Infl. de l'habitude*, p. 41) fait honneur de cette théorie juste et ingénieuse de l'activité de l'ouïe à Bonaterre (*Notice sur le sauvage de l'Aveyron*), qui n'a fait que copier littéralement Buffon, sans en avertir.

mouvements internes des parties de l'organe, s'ajoute encore le mouvement externe de l'ensemble ; non seulement la vision distincte exige le concours des mouvements de deux organes distincts dans l'unité du regard, qui développe dans la conscience, avec le mouvement, l'unité du sujet et l'unité de l'objet qu'il s'oppose ; mais de plus l'objet propre de la vue, la couleur, ne se manifeste que sous la forme même de l'étendue, et par conséquent dans le mouvement.

Or l'étendue visible est, à un haut degré, un objet de perception claire, de mesure précise, de science exacte ; c'est la forme par excellence de l'imagination et la figure, le *schème* ordinaire des idées.

Ainsi, d'un bout à l'autre de l'échelle des sens, comme dans le développement du tact, si la sensation, déclinant toujours, ne disparaît pas entièrement, du moins la perception prédomine toujours davantage : la perception, c'est-à-dire le mouvement, l'activité, la liberté, dans le monde de la diversité et de l'opposition. C'est la loi profonde qui se révèle au-dehors, dans la série des différents sens, depuis la première jusqu'à la dernière forme du tact, par le progrès de la symétrie et de l'indépendance des organes, de leur séparation dans l'espace, et en même temps de leur harmonie dans le mouvement.

C'est donc le développement en sens inverse de la passion et de l'action qui remplit la sphère de la conscience ; la conscience, la science même, est dans l'action et se développe avec elle ; mais l'action dans le mouvement, en contraste avec la passion. Au pôle supérieur de l'absolue activité, comme au pôle intérieur de la passivité absolue, la conscience, ou du moins la conscience distincte, n'est plus possible. Toute distinction et toute science s'absorbent dans l'impersonnalité.

II. Puisqu'il n'y a rien dans la conscience distincte que sous la condition générale du mouvement, et que le mouvement est dans le temps, la condition, l'être de la conscience est l'être dans le temps. Le temps est la première loi et la forme nécessaire de la conscience. Tout ce qui est dans la conscience est donc un changement ayant sa durée en un sujet qui dure et ne change point. Quel est donc le résultat, dans la sphère de la conscience, de la durée même du changement ?

On a vu que la passion et l'action (l'action dans le mouvement, du moins) sont partout, dans tout l'empire de la conscience, en sens et en raison inverse l'une de l'autre. La continuité ou la répétition de la passion l'affaiblit : la continuité ou la répétition de l'action l'exalte et la fortifie. La sensation prolongée ou répétée diminue par degrés et finit par s'éteindre. Le mouvement prolongé ou répété devient graduellement plus facile, plus rapide et plus assuré. La perception, qui est liée au mouvement, devient également plus claire, plus certaine, plus prompte [1].

Dans la conscience du mouvement même, il y a un élément de sensibilité : l'effort. L'effort diminue par la continuité et la répétition du mouvement.

Réciproquement, dans toute sensation, hormis peut-être dans les affections internes des fonctions vitales, la mobilité et la perception ont quelque part : c'est un élément que la continuité ou la répétition ne détruit pas, mais qu'elle développe au contraire et qu'elle perfec-

1. Destutt de Tracy, *Élém. d'idéolog.*, p. 217, 226.- M. de Biran, *Infl. de l'habitude, passim*, . Cf. Dugald Stewart, *Philos. de l'espr. hum.*, II, 391. – Butler, *Analogie*, etc., p. 122, 149. – Bichat, *Rech. sur la vie, art.* V. – Schrader, *De Consuetudine* (1829, in-8°), p. 6. – La plupart des auteurs qui ont traité de l'habitude ont aperçu cette loi.

tionne. En s'appliquant aux sensations les plus obscures du goût et de l'odorat, l'activité les détache en quelque sorte de leur sujet et les transforme peu à peu en objets de perception distincte ; au sentiment elle ajoute ou elle substitue le jugement. Elle réduit de plus en plus, dans le chaud et le froid, dans l'odeur, la couleur ou le son, l'élément de l'affection et de la sensibilité pure ; elle développe l'élément de la connaissance et du jugement. Ainsi, les sensations où l'on ne cherche que le plaisir s'émoussent bientôt. Le goût devient de plus en plus obtus chez celui qui se livre par passion à l'usage fréquent des liqueurs spiritueuses ; chez celui qui cherche la science des saveurs, il devient de plus en plus délicat et subtil.

Avec la sensation s'affaiblissent peu à peu le plaisir ou la peine qui y étaient attachés, et la peine surtout. À l'action est lié le plaisir ; la durée ne diminue pas le plaisir de l'action ; elle l'augmente [1].

Dans le mouvement même, avec l'effort, disparaît la fatigue et la peine. Et dans la sensation, sans doute, c'est l'activité encore qui intervient pour en entretenir ou pour en faire revivre les voluptés périssables. C'est elle qui, jusques en

1. Buisson, *De la divis. des phén. physiol.*, p. 71.

des sentiments pénibles, démêle peu à peu des émotions agréables qui s'y mêlaient, et, quand la peine s'efface, retient et développe le plaisir.

Ainsi partout, en toute circonstance, la continuité ou la répétition, la durée, affaiblit la passivité, exalte l'activité. Mais dans cette histoire contraire des deux puissances contraires, il y a un trait commun, et ce trait explique tout le reste.

Toutes les fois que la sensation n'est pas une douleur, à mesure qu'elle se prolonge ou se répète, à mesure, par conséquent, qu'elle s'efface, elle devient de plus en plus un besoin. De plus en plus, si l'impression nécessaire pour la déterminer vient à ne plus se reproduire, le trouble et le malaise accusent dans la sensibilité le désir impuissant [1].

D'un autre côté, à mesure que dans le mouvement l'effort s'efface et que l'action devient plus libre et plus prompte, à mesure aussi elle devient davantage une tendance, un penchant qui n'attend plus le commandement de la volonté, qui le prévient, qui souvent même se dérobe entièrement et sans retour à la volonté et à la conscience [2]. Tels sont surtout ces mou-

1. M. de Biran, *Infl. de l'habitude*, p. 110.

2. Id., *Ibid.*

vements, d'abord plus ou moins volontaires, qui dégénèrent peu à peu en mouvements convulsifs, et qu'on appelle des *tics*.

Ainsi, dans la sensibilité, dans l'activité se développe également par la continuité ou la répétition une sorte d'activité obscure qui prévient de plus en plus ici le vouloir, et là l'impression des objets extérieurs [1]. Dans l'activité, elle reproduit l'action même ; dans la sensibilité, elle ne reproduit pas la sensation, la passion, qui veut une cause externe, mais elle l'appelle, elle l'invoque, elle l'implore en quelque sorte.

Or, la condition de la passion est la contrariété entre l'état actuel du sujet qui l'éprouve et l'état où tend à l'amener la cause qui la lui fait éprouver. Le semblable n'a pas d'action sur le semblable [2]. Ainsi l'attraction électrique suppose la contrariété des états électriques ; l'affinité chimique, la contrariété des éléments ; l'irritation, la contrariété de la substance irritante et de l'organe sur lequel elle fait impression ; telle est l'irritation qui déter-

1. Reid, *Essai sur les facultés actives*, etc.

2. Aristote, *De An.*, II, 4 : Ἀπαθοῦς ὄντος τοῦ ὁμοίου ὑπὸ τοῦ ὁμοίου.

mine les fonctions préparatrices ou complémentaires de l'assimilation[1]. La sensation enfin exige la contrariété entre l'état de l'objet du sens et l'état du sens même.

Si donc il se développe dans la sensibilité, à mesure qu'elle subit la même impression, une tendance à persister dans le même état où l'impression l'avait mise, ou bien à y revenir, l'opposition entre l'état du sujet et l'état où l'impression externe le fait arriver disparaît de plus en plus, et, de plus en plus, la sensation s'affaiblit. Par exemple, toute sensation uniforme longtemps répétée, émoussant la sensibilité, provoque le sommeil, et elle le provoque d'autant plus qu'elle est plus forte, et que la sensibilité est plus vive. Tel est l'effet ordinaire d'un balancement ou bercement continuel, ou d'un bruit monotone, surtout dans l'enfance[2]. Or, si le mouvement ou le bruit vient à cesser, le sommeil cesse. Le repos, le silence réveille. C'est donc que le bruit et le mouvement ne provoquent le sommeil qu'en développant dans les organes des sens une sorte d'activité obscure qui les

1. Id, *ibid.* – Chaussier, ap. Buisson, *loc. cit.*, p.232.

2. Cf. Barthez, *Nouv. élém. de la science de l'homme*, XI, 2.

monte au ton de la sensation, qui la détruit par cela même, mais qui en fait un besoin pour la sensibilité. Dès que la cause de la sensation vient à disparaître, le besoin se manifeste par l'inquiétude et le réveil. Ainsi, c'est par le développement progressif d'une activité interne que s'explique l'affaiblissement progressif de la passivité.

D'un autre côté, le mouvement implique la passion ; l'action dans la cause, la passion dans le sujet du mouvement, qui subit l'action de la cause. Si donc le mouvement, à mesure qu'il se répète, se change de plus en plus en un mouvement involontaire, ce n'est pas dans la volonté, c'est dans l'élément passif du mouvement lui-même que se développe peu à peu une activité secrète. Ce n'est pas l'action proprement dite que fait naître ou que fortifie la continuité ou la répétition de la locomotion ; c'est une tendance toujours plus obscure et irréfléchie, qui descend de plus en plus avant dans l'organisme, et s'y concentre de plus en plus. L'habitude n'exerce qu'une influence indirecte sur les actes simples de la volonté et de l'intelligence, en abaissant devant elles les obstacles, et en leur assujettissant les moyens.

Ce n'est pas non plus l'activité véritable que ce désir qui s'allume dans le sens, à mesure que la sensation s'éteint, et qui ne se révèle que par ses effets. C'est une tendance aveugle tenant de la passion autant que de l'action.

Ainsi, la continuité ou la répétition abaisse la sensibilité ; elle exalte la mobilité. Mais elle exalte l'une et abaisse l'autre de la même manière, par une seule et même cause : le développement d'une spontanéité irréfléchie, qui pénètre et s'établit de plus en plus dans la passivité de l'organisation, en dehors, au-dessous de la région de la volonté, de la personnalité et de la conscience.

L'affaiblissement graduel des sensations et la facilité croissante des mouvements s'expliqueraient peut-être, à force d'hypothèses, par quelque changement (que l'anatomie ne démontre pas) dans la constitution physique des organes [1]. Mais aucune modification organique ne peut expliquer la *tendance*, le penchant dont le progrès coïncide avec la dégradation de la sensation et de l'effort. Peut-être encore réussirait-on jusqu'à un certain point à expliquer, comme on a cherché à le faire [2], par le progrès de l'at-

1. Cf. Isaac, *De Consuetudine ejusque effectibus ex fibra sensim mutata ducendis* (Erfordiae, 1737, in-4°).

2. Voir Bonnet, *Ess. de psychol.* (Œuvres, VIII), 82-9. – Dug. Stewart, *Philos. de l'espr. hum.*, p. 175.

tention, de la volonté, de l'intelligence, le progrès de l'aisance et de la sûreté des mouvements, et la disparition de la sensation. Mais si la sensation disparaît à la longue parce que l'attention s'en lasse et se détourne ailleurs, d'où vient que la sensibilité demande de plus en plus cette sensation que la volonté abandonne ? Si le mouvement devient plus prompt et plus aisé, parce que l'intelligence en connaît mieux toutes les parties, et que la volonté combine l'action avec plus d'assurance et de précision, d'où vient qu'avec le progrès de la facilité du mouvement coïncide la décroissance de la volonté et de la conscience ?

Les théories physiques et les théories rationalistes sont ici également en défaut. La loi de l'habitude ne s'explique que par le développement d'une Spontanéité passive et active tout à la fois, et également différente de la Fatalité mécanique, et de la Liberté réflexive.

III. Cependant, tout en devenant une habitude, et en sortant de la sphère de la volonté et de la réflexion, le mouvement ne sort pas de l'intelligence. Il ne devient pas l'effet mécanique d'une impulsion extérieure, mais l'effet d'un penchant qui succède au vouloir. Ce penchant se forme par degrés, et, aussi loin que la conscience le peut suivre, elle y reconnaît toujours une tendance à la fin que la volonté se proposait. Or toute tendance à une fin implique l'intelligence.

Mais dans la réflexion et la volonté, la fin que se propose l'intelligence est un objet qu'elle s'oppose, comme le but plus ou moins éloigné du mouvement. Dans le progrès de l'habitude, à mesure qu'à la volonté succède le penchant, il approche toujours davantage de l'acte à la réalisation duquel il aspire, il en revêt de plus en plus la forme. La durée du mouvement change peu à peu la puissance, la virtualité en tendance, et peu à peu la tendance se change en l'action. L'intervalle que l'entendement se représentait entre le mouvement et son but diminue donc peu à peu ; la distinction s'efface ; la fin dont l'idée provoquait le penchant s'en rapproche, y touche et s'y confond. À la réflexion qui parcourt et qui mesure les distances des contraires, les milieux des oppositions, une intelligence immédiate succède par degrés, où rien ne sépare le sujet et l'objet de la pensée.

Dans la réflexion et la volonté, la fin du mouvement est une idée, un idéal à accomplir, quelque chose qui doit être, qui peut être, et qui n'est pas encore. C'est une possibilité à réaliser. Mais à mesure que la fin se confond avec le mouvement, et le mouvement avec la tendance, la possibilité, l'idéal s'y réalise. L'*idée* devient *être*, l'être même et tout l'être du mouvement et de la tendance qu'elle détermine. L'habitude est de plus en plus une *idée substantielle.* L'intelligence obscure qui succède par l'habitude à la réflexion, cette intelligence immédiate où l'objet et le sujet sont confondus, c'est une intuition *réelle*, où se confondent le réel et l'idéal, l'être et la pensée.

Enfin, c'est de plus en plus hors de la sphère de la personnalité comme aussi hors de l'influence de l'organe central de la volonté, c'est dans les organes immédiats des mouvements que se forment les penchants qui font l'habitude et que s'en réalisent les idées ; et c'est de ces organes que ces penchants, ces idées deviennent de plus en plus la forme, la manière d'être, l'être même. La spontanéité du désir et de l'intuition se dissémine, en quelque sorte, en se développant, dans la multiplicité indéfinie de l'organisation.

Mais c'est par une suite de degrés imperceptibles que les penchants succèdent aux volontés. C'est aussi par une imperceptible dégradation que souvent ces penchants, nés de la coutume, se relâchent si elle vient à s'interrompre, et que les mouvements sortis du domaine de la volonté y rentrent avec le temps. Entre les deux états, la transition est insensible, la limite est partout et nulle part. La conscience se sent expirer avec la volonté, puis revivre avec elle, par une gradation et une dégradation continues ; et la conscience est la première, l'immédiate, l'unique mesure de la continuité.

Non seulement, donc, les mouvements que l'habitude soustrait graduellement à la volonté ne sortent pas par cela même de la sphère de l'intelligence pour passer sous l'empire d'un mécanisme aveugle ; mais ils ne sortent pas de la même activité intelligente où ils avaient pris naissance[1]. Une force étrangère ne vient pas les diriger : c'est toujours la même force qui en est le principe, mais qui s'y abandonne de plus en plus à l'attrait de sa propre pensée. C'est la même force qui, sans rien perdre, d'ailleurs, de son unité supérieure

1. Berkeley, *Siris*, p. 123 : "... Puis donc que ce n'est pas du musicien lui-même que procèdent ces mouvements, il faut que ce soit de quelque autre intelligence active ; peut-être est-ce de cette même intelligence qui gouverne les abeilles et les araignées, et qui meut les membres de ceux qui marchent en dormant."

dans la personnalité, se multipliant sans se diviser, s'abaissant sans descendre, se résout elle-même, par plusieurs endroits, en ses tendances, ses actes, ses idées, se transforme dans le temps et se dissémine dans l'espace.

Ce n'est donc pas une nécessité externe et de contrainte que celle de l'habitude, mais une nécessité d'attrait et de désir [1]. C'est bien une loi, que cette *loi des membres* [2], qui succède à la liberté de l'esprit. Mais cette loi est une *loi de grâce.* C'est la cause finale qui prédomine de plus en plus sur la cause efficiente et qui l'absorbe en soi. Et alors, en effet, la fin et le principe, le fait et la loi, se confondent dans la nécessité.

Or, maintenant, quelle est la différence entre les tendances engendrées par la continuité ou la répétition de l'acte, et ces tendances primitives qui constituent notre nature ? Quelle est la différence entre l'habitude et l'instinct ?

Comme l'habitude, l'instinct est une tendance à une fin, sans volonté et sans conscience

1. Porterfield, *Traité de l'œil*, II, 17.

2. Saint Paul, *Epist. ad Rom.*, VII, 23 : Βλέπω δὲ ἕτερον νόμον ἐν τοῖς μέλεσί μου ἀντιστρατευόμενον τῷ νόμῳ τοῦ νοῦ μου.

distincte. Seulement, l'instinct est plus irréfléchi, plus irrésistible, plus infaillible. L'habitude approche toujours davantage, sans y atteindre jamais peut-être, de la sûreté, de la nécessité, de la spontanéité parfaite de l'instinct. Entre l'habitude et l'instinct, entre l'habitude et la nature, la différence n'est donc que de degré, et cette différence peut être réduite et amoindrie jusqu'à l'infini.

Comme l'effort entre l'action et la passion, l'habitude est la commune limite, ou le terme moyen entre la volonté et la nature ; et c'est un *moyen terme* mobile, une limite qui se déplace sans cesse, et qui avance par un progrès insensible d'une extrémité à l'autre.

L'Habitude est donc pour ainsi dire la *différentielle* infinitésimale, ou, encore, la *fluxion* dynamique de la Volonté à la Nature. La Nature est la *limite* du mouvement de décroissance de l'habitude.

Par conséquent, l'habitude peut être considérée comme une méthode, comme la seule méthode réelle, par une *suite convergente* infinie, pour l'approximation du rapport, réel en soi, mais incommensurable dans l'entendement, de la Nature et de la Volonté.

En descendant par degrés des plus claires régions de la conscience, l'habitude en porte avec elle la lumière dans les profondeurs et dans la sombre nuit de la nature. C'est une nature acquise [1], une *seconde nature* [2], qui a sa raison dernière dans la nature primitive, mais qui seule l'explique à l'entendement. C'est enfin une nature *naturée*, œuvre et révélation successive de la nature *naturante*.

L'habitude transforme en mouvements instinctifs les mouvements volontaires. Or, dans le mouvement le plus volontaire, la volonté ne se propose et l'entendement ne se représente que la forme extérieure et l'extrémité du mouvement. Cependant entre le mouvement dans l'espace et l'exertion de la puissance motrice, il y a un milieu rempli par des moyens qui résistent d'abord, et c'est de cette résistance seule que nous avons dans l'effort la conscience obscure. Comment la puissance motrice s'applique-t-elle à ce moyen qui résiste ? C'est ce dont nous n'avons plus aucune conscience. À mesure que nous reculons de la fin à l'origine, les ténèbres s'épaississent [3]. Or, par l'exercice répété ou

1. Galen., *De Motu muscul.*, II, 17 Ἐπίκτητος φύσις.

2. Aristote, *De Mem.*, 2.

3. Van Helmont, *De Morbis archealibus* (*Ortus medicinae*, Amstelodami, 1648, in-4°), p. 521, a: "Non enim modum

prolongé, nous apprenons à proportionner la quantité de l'effort et à en choisir le point d'application conformément à la fin que nous voulons atteindre ; et en même temps s'efface la conscience de l'effort.

Ainsi, les organes s'habituent tellement aux mouvements qu'exigent un exercice violent ou un travail pénible, qu'ils en deviennent pour longtemps incapables de mouvements plus doux. Un homme accoutumé à exécuter des mouvements forts avec les muscles des mains et des doigts écrit moins ferme qu'un autre [1]. Le principe du mouvement s'est fait, sans le savoir, un *type*, une *idée d'action* [2] dont il ne peut se défaire, et il dépasse involontairement, convulsivement même, toute fin placée en deçà de sa fin accoutumée.

Nous avions donc aussi de l'application originelle de la puissance motrice à l'organe du mouvement, quelque intelligence confuse et inexplicable et quelque ineffable intention, que

novi quo initia seminalia suas dotes exprimunt, qui plane ut a priori mihi ignotus est."

1. Barthez, *Nouv. élém. de la science de l'homme,* XIII, I.

2. Stahl, *De vera diversitate corporis mixti et vivi* (*Theoria medica vera*, p. 78-9 ; *Negot. otios.*, p. 72).

l'habitude a pu encore atteindre. C'est le même point où l'habitude amène la conscience obscure de l'effort, puis la conscience claire de la direction extérieure du mouvement dans l'espace. Les degrés de la conscience se replient de la sorte l'un sur l'autre, du plus élevé au plus humble, et alors le mouvement entier se fait comme de soi-même ; il devient tout entier naturel, instinctif, comme l'est toujours la première application de la puissance motrice à l'organe du mouvement.

En outre, si l'effort implique la résistance, la résistance à son tour ne se manifeste que dans l'effort. Comment sortir de ce cercle, et où trouver le commencement ?

La volonté, en général, suppose l'idée de l'objet ; mais l'idée de l'objet suppose également celle du sujet.

L'effort veut donc nécessairement une tendance antécédente sans effort, qui dans son développement rencontre la résistance ; et c'est alors que la volonté se trouve, dans la réflexion de l'activité sur elle-même, et qu'elle s'éveille dans l'effort [1]. La volonté, en genéral, suppose un penchant antérieur, involontaire, où le sujet qu'il entraîne ne se distingue pas encore de son objet.

1. M. de Biran, *Infl. de l'habitude*, p. 28, note.

Le mouvement volontaire n'a donc pas seulement sa matière, sa substance, mais son origine et sa source dans le désir[1]. Le désir est un instinct primordial, dans lequel le but de l'acte est confondu avec l'acte, l'idée avec la réalisation, la pensée avec l'élan de la spontanéité ; c'est l'état de nature, c'est la *nature* même.

La dégradation successive de la conscience et de la volonté dans la partie volontaire du mouvement représente donc la série simultanée des états de la volonté et de la conscience dans les parties du mouvement total, depuis la région de la volonté jusqu'à celle de la seule nature. Le dernier degré de l'habitude répond à la nature même. La nature n'est donc, comme ce dernier degré, que l'immédiation de la fin et du principe, de la réalité et de l'idéalité du mouvement, ou du changement en général, dans la spontanéité du désir.

Plus nous revenons de l'acte final du mouvement à son commencement, plus aussi de l'unité de la direction nous descendons dans une multiplicité indistincte d'où se soulève de toutes parts l'énergie motrice[2]. C'est le terme

1. Van Helmont, *loc. cit.*, p. 521, b : "Sunt autem ideae desiderii solae directrices motivae."

2. Cf. Barthez, *loc. cit.*, V, I, sur les forces musculaires.

où tend le progrès de l'habitude : la dispersion du mouvement dans la multiplicité des tendances et dans la diversité des organes. Dans la nature aussi, dans la nature primitive comme dans cette seconde nature de l'habitude, se laisse donc entrevoir, au-dessous de l'unité centrale de la personnalité, la dispersion mystérieuse de la force et de l'intelligence, répandue, absorbée dans la substantialité de ses propres idées.

L'activité motrice comprend donc, comme en une progression continue, toutes les puissances qui s'étendent de la volonté à l'instinct. Mais les puissances inférieures n'y sont contenues que sous une forme réduite et abrégée. Elles se développent en une série variée de fonctions et d'organes depuis ce faîte élevé de la vie, éclairé de la lumière de la pensée, jusqu'aux plus basses et aux plus sombres régions. Des fonctions locomotives aux fonctions préparatoires de la nutrition, de celles-ci à la nutrition même et à la végétation, on voit succéder aux mouvements distincts, figurables et mesurables dans l'étendue des mouvements presque insensibles, puis des mouvements moléculaires, enfin des transformations chimiques et les opérations vitales les plus secrètes. La mécanique le cède de plus en plus au dynamisme irreprésentable et inexplicable de la vie. Le champ de l'imagination se ferme, le flambeau de l'entendement s'éteint, la volonté s'éclipse, et la conscience s'évanouit. En même temps, avec la symétrie et l'opposition des organes, la centralisation de l'organisme diminue. À l'empire de l'unité cérébrale succède de plus en plus la diffusion de la vie dans une multitude de centres indépendants [1]. L'influence de l'habitude est puissante encore, avec celle de la volonté, sur les fonctions mixtes, supérieures à la vie végétale : elle se manifeste hautement, comme on l'a vu plus haut, dans le changement qu'elle apporte aux périodes qui en sont le caractère éminent. Elle s'étend aussi à la vie végétale ; elle y modifie profondément les instincts ; elle altère et façonne en grande partie le tempérament. Les muscles et les articulations qu'on exerce deviennent plus forts et plus volumineux en même temps que plus agiles : la nutrition y est plus puissante. On s'habitue à la longue aux poisons les plus violents. Dans les affections chroniques, les médicaments perdent leur force, et il en faut changer de temps en temps [2]. Les mouvements ou les situations,

1. Cf. Bichat, *Recherches sur la vie*, art. II sqq.

2. Galen., *De Sanit. tuenda*, v, 9. – Hoffmann, *Medic. Rat.*

d'abord les plus contraires et les plus fatigants, deviennent à la longue les plus commodes, et finissent par se changer en conditions indispensables des fonctions auxquelles on les a toujours associées ; de même, les aliments, l'air le plus malsain et le plus funeste deviennent, par l'habitude, les conditions mêmes de la santé[1]. La considération de l'habitude est un des éléments les plus importants de l'hygiène, du diagnostic et de la thérapeutique[2]. L'habitude ne devient nulle, ou du moins elle ne paraît le devenir que dans les fonctions les plus élémentaires de l'organisation. Mais jusqu'en ces abîmes qui semblent lui être interdits, les derniers et pâlissants rayons de la lumière qu'elle tire de la conscience éclairent, au plus profond de la nature, le mystère de l'identification de l'idéal et du réel, de la chose et de la pensée, et de tous les contraires

Syst., II, XIV, 17. – Hahn, *De Consuetudine* (*Lugd.*, *Batav.*, 1751, in-4°). p. 72.

1. Hippocr., *Aphor.*, II, 50 : Τὰ ἐκ πολλοῦ χρόνου συνήθεα, κἂν ᾖ χείρω, τῶν ἀσυνήθων ἧσσον ἐνοχλεῖν εἴωθε. Wetzel, *De Consuet. circa rerum non naturalium usum* (Basleae, 1730, in-4°). – Jungnickel, *De consuetudine altera Natura* (Witt., 1787, in-4°). p. 12 sqq. – Hahn, *De Consuet.*, II. – Barthez, *loc. cit.*, XIII.

2. Erasistr., *De Paral.*, II, ap. Galen., *De Consuet.*, I, etc.

que sépare l'entendement, confondus dans un acte inexplicable d'intelligence et de désir.

Par le même principe et par la même analogie semble se découvrir le secret de cette vie anormale et parasite qui se développe dans la vie régulière, qui a ses périodes, son cours, sa naissance et sa mort ; est-ce une idée ou un être, ou ne serait-ce pas plutôt une idée et un être à la fois, une idée concrète et substantielle hors de toute conscience, qui fait la maladie [1] ? Ne serait-ce pas là aussi le secret divin de la transmission de la vie, comme d'une idée créatrice, qui se détache et s'isole dans le transport de l'amour pour vivre de sa vie propre, et se faire à elle-même son corps, son monde et sa destinée [2] ? Ne serait-ce pas, de la même manière, le

1. Voir Van Helmont, *De Ideis morbosis*, *de Morbis archealibus*, etc. – Barthez , passim. – Sydenham (*Opp.* init.) définit la maladie la méthode de la nature pour expulser le principe malfaisant. Cette définition implique également l'*idée morbide* ; mais il faut prendre l'idée *in concreto* , εἶδος ἔνυλον. – Voir Stahl, V. Helmont et Barthez sur les effets des poisons, des virus contagieux et des passions violentes, qui impriment au principe vital des *formes* ou *idées morbides* correspondantes.

2. V. Helmont, *De Morbis archealibus*, p. 521, *b.*

secret de la transmission de la maladie elle-même, de l'idée substantielle de la maladie, qui attend son temps et son heure pour être dans le fils ce qu'elle était dans le père, et qui se propage avec ses formes et ses périodes immuables de génération en génération [1] ?

Enfin, non seulement la forme la plus relevée de la vie dans l'humanité, l'activité motrice, renferme en abrégé toutes les formes inférieures qui se développent dans les fonctions subordonnées, mais la série de ces fonctions n'est elle-même que le résumé du développement général de la vie dans le monde, de règne en règne, de genre en genre, d'espèce en espèce, jusqu'aux plus imparfaits rudiments et aux éléments les plus simples de l'existence. Le monde, la nature entière offre l'aspect d'une progression continue où chaque terme est la condition et la matière de tous les termes supérieurs, la forme de tous les inférieurs, et où chacun se développe, par conséquent, et se représente par parties et en détail dans toute la série qu'il enveloppe.

1. V. Helmont, *De Morbis arch.*, p. 521, *b*, Burchart (praeside Stahlio), *De haereditaria dispositione ad varios affectus* (1706, in-4°). – Jung, *De Consuetudinis efficacia*, p. 13.

Ainsi, dans son progrès au sein de la vie intérieure de la conscience, l'habitude figure sous une forme successive l'universalité des termes qui marquent dans le monde extérieur, sous la forme objective et immobile de l'espace, le développement progressif des puissances de la nature. Or, dans l'espace, la distinction des formes implique la limitation ; il n'y a que des différences déterminées, finies ; rien, donc, ne peut démontrer entre les limites une absolue continuité, et, par conséquent, d'une extrémité à l'autre de la progression, l'unité d'un même principe. La continuité de la nature n'est qu'une possibilité, une idéalité indémontrable par la nature même [1]. Mais cette idéalité a son type dans la réalité du progrès de l'habitude ; elle en tire sa preuve, par la plus puissante des analogies.

Dans l'homme, le progrès de l'habitude conduit la conscience, par une dégradation non interrompue, de la volonté à l'instinct, et de l'unité accomplie de la personne à l'extrême diffusion de l'impersonnalité. C'est donc une seule force, une seule intelligence qui est dans la vie de l'homme le principe de toutes les fonctions et de toutes les formes de vie.

1. Kant, *Crit. de la rais. pure.*

Seulement, avec les conditions de l'espace et du mouvement, disparaissent celles de la réflexion et de la mémoire. Les fonctions les plus involontaires de notre vie, celles de la nutrition, par exemple, ne sont pas des habitudes anciennes [1], transformées en instincts. Non seulement nous ne voyons pas qu'elles aient jamais dépendu de notre volonté, mais jamais elles n'en ont pu dépendre ; elles se composent de mouvements insensibles et d'altérations organiques qui sont hors de la sphère de l'imagination et de l'entendement. Mais l'habitude amène au même point les mouvements volontaires, et les transforme en des instincts. La dégradation de la volonté et de la conscience dans la série graduée des fonctions vitales ne doit donc être aussi que le signe de la disparition graduelle des conditions de l'entendement et de la volonté réflexive, dans l'identité d'une même âme [2].

1. Perrault, *Des sens extérieurs* (*Oeuvres*, 1721, in-4°), p. 547 : "Par l'attention qu'elle (l'âme) a donné à toutes ces choses dans les premiers temps de la vie, elle a acquis une parfaite connaissance de toutes leurs propriétés et, par le long usage qu'elle en a fait, elle se les est rendues tellement familières, qu'elle n'a plus besoin d'y employer que des pensées confuses ou négligées." Cf. p. 569.

2. C'est là l'esprit et la lettre du stahlianisme, presque

Il en est de même dans la série des règnes, des genres, des espèces.

La forme la plus élémentaire de l'existence, avec l'organisation la plus parfaite, c'est comme le dernier moment de l'habitude, réalisé et substantifié dans l'espace sous une figure sensible. L'analogie de l'habitude en pénètre le secret et nous en livre le sens [1]. Jusque dans la vie confuse et multiple du zoophyte, jusque dans la plante, jusque dans le cristal même [2], on peut donc suivre, à cette

toujours mal connu et mal compris de ses adversaires, même du savant et profond Barthez. – V. Stahl, *passim*, et principalement *Negotium otiosum*. – Scaliger, *Exercit. exoter. adv. Card.* p. 987 : "Anima sibi fabricat dentes, cornua, ad vitam tuendam ; iis utitur, et scit quo sit utendum modo, sine objecto aut phantasia ulla."

1. M. de Biran, *loc. cit.* p. 124 : "Ne pourrait-on pas conjecturer que l'exercice répété des mêmes mouvements rend les parties mêmes plus mobiles, plus *irritables*, en convertissant en foyers *artificiels* de forces, comme les organes vitaux, ou ceux des animaux à sang froid, en sont des foyers naturels ?"

2. Herder, *Idées sur la philos. de l'hist.*, I, 143 : "Le cristal se développe avec plus d'habileté et de régularité que n'en peut montrer l'abeille dans la construction de sa cellule, ou l'araignée dans le tissu de sa toile. Il n'y a dans la matière brute qu'un instinct aveugle, mais infaillible."

lumière, les derniers rayons de la pensée et de l'activité, se dispersant et se dissolvant sans s'éteindre, mais loin de toute réflexion possible, dans les vagues désirs des plus obscurs instincts.

Toute la suite des êtres n'est donc que la progression continue des puissances successives d'un seul et même principe, qui s'enveloppent les unes les autres dans la hiérarchie des formes de la vie, qui se développent en sens inverse dans le progrès de l'habitude. La limite inférieure est la nécessité, le Destin si l'on veut, mais dans la spontanéité de la Nature ; la limite supérieure, la Liberté de l'entendement. L'habitude descend de l'une à l'autre ; elle rapproche ces contraires, et en les rapprochant elle en dévoile l'essence intime et la nécessaire connexion.

IV. L'action et la passion ne sont pas renfermées entre l'effort et le dernier degré de la spontanéité vitale. Elles s'étendent au-delà et plus haut dans la volonté et l'intelligence. L'influence de l'habitude s'étend donc aussi à ces régions plus élevées et plus pures de l'esprit et du cœur. Mais nous avons déterminé la loi de l'habitude, et nous en avons assigné le principe dans le type originel et les conditions premières de la conscience. Il nous suffira de vérifier la généralité de cette loi et de ce principe.

Dès que l'âme est arrivée à la conscience de soi, elle n'est plus seulement la forme, la fin, ou même le principe de l'organisation ; en elle-même, il s'ouvre un monde qui se dégage et se détache de plus en plus de la vie du corps, et où elle a sa vie à elle, sa destinée propre et sa fin à accomplir. C'est à cette vie supérieure que semble aspirer sans y pouvoir atteindre le progrès incessant de la vie et de la nature, comme à sa perfection, à son bien [1]. Cette vie, au contraire, a son bien en soi ; et elle le connaît, elle le cherche, elle l'embrasse, à la fois comme son bien, et comme le bien même et la perfection absolue. Mais le plaisir et la douleur ont leurs raisons dans le bien et dans le mal ; ils en sont les signes sensibles. Ici donc, dans ce monde de l'âme, se rencontre avec le plus vrai bien la forme la plus vraie de la sensibilité ; c'est la passion de l'âme, le *sentiment*. Au sentiment s'oppose l'activité spirituelle et morale qui poursuit le bien ou le mal, tandis que le sentiment en recueille l'impression.

1. Plotin, *Ennead.*, I, 6 : Ἀναβατέον οὖν πάλιν ἐπὶ τὸ ἀγαθὸν οὗ ὀρέγεται πᾶσα ψυχή... Ἐφετὸν μὲν γὰρ ὡς ἀγαθὸν καὶ ἡ ἔφεσις πρὸς τοῦτο.

La continuité ou la répétition doit donc affaiblir par degrés le sentiment, comme elle affaiblit la sensation ; elle y éteint par degrés, comme dans la sensation, le plaisir et la douleur. Elle change pareillement en un besoin le sentiment même qu'elle détruit ; elle en rend de plus en plus la privation insupportable à l'âme. En même temps, la répétition ou la continuité rend l'activité morale plus facile et plus assurée. Elle développe dans l'âme non seulement la disposition, mais le penchant et la tendance actuelle à l'action, comme dans les organes la tendance au mouvement. Enfin, au plaisir fugitif de la sensibilité passive, elle fait par degrés succéder le plaisir de l'action.

Ainsi se développent de plus en plus, dans le cœur de celui qui fait le bien, et à mesure que l'habitude y détruit les émotions passives de la pitié, l'activité secourable et les joies intérieures de la charité[1]. Ainsi, l'amour s'augmente par les témoignages mêmes qu'il donne de soi[2] ; ainsi il ranime de sa flamme pénétrante les impressions qui s'éteignent, et rouvre à chaque instant les sources épuisées de la passion.

1. Butler, *Analogie*. – Dug. Stewart.

2. Aristote, *Eth. Nicom.*, VIII, 9; IX, 7.

Enfin, dans l'activité de l'âme, comme dans le mouvement, l'habitude transforme peu à peu en un penchant involontaire la volonté de l'action. Les *mœurs*, la *moralité*, se forment de cette sorte. La vertu est d'abord un effort, une fatigue ; elle devient par la pratique seule un attrait et un plaisir, un désir qui s'oublie ou qui s'ignore, et peu à peu elle se rapproche de la sainteté de l'innocence. Là est tout le secret de l'éducation. Son art, c'est d'attirer au bien par l'action, et d'y fixer le penchant[1]. Ainsi se forme une *seconde nature*.

Dans le sein de l'âme elle-même, ainsi qu'en ce monde inférieur qu'elle anime et qui n'est pas elle, se découvre donc encore comme la limite où le progrès de l'habitude fait redescendre l'action, la spontanéité irréfléchie du désir, l'impersonnalité de la *nature* ; et ici encore c'est la spontanéité naturelle du désir qui est la substance même, en même temps que la source et l'origine première de l'action.

Le monde moral est par excellence l'empire de la liberté. C'est elle-même qui s'y propose sa fin, qui se commande et qui exécute l'action. Mais, de même que dans le mouvement, si c'est

1. Aristote, *Polit.*, VIII ; *Eth. Nicom.*, X, 10.

la volonté qui pose le but dans l'espace, et détermine la direction, ce n'est pas elle, ou du moins ce n'est pas la volonté réfléchie qui combine et concerte par avance la production même du mouvement, et que le mouvement ne peut sortir que du fonds de l'instinct et du désir, où l'idée de la nature se fait être et substance ; de même, dans le monde moral, l'entendement discerne la fin, et la volonté se la propose, mais ce n'est pas la volonté, ce n'est pas l'entendement abstrait qui peut remuer d'abord dans leur source les puissances de l'âme pour les pousser au bien[1]. C'est le bien lui-même, du moins l'idée du bien, qui descend dans ces profondeurs, y engendre et élève à soi l'amour. La Volonté ne fait que la forme de l'action ; la liberté irréfléchie de l'Amour en fait toute la substance, et l'amour ne se distingue plus de la contemplation de ce qu'il aime, ni la contemplation de son objet ; c'est là le fonds, la base et le commencement nécessaire ; c'est

1. Aristote, *De An.*, III, 9 : Οὐδέ τὸ λογιστικὸν καὶ ὁ καλούμενος νοῦς ἐστὶν ὁ κινῶν. – Ἔτι καὶ ἐπιτάττοντος τοῦ νοῦ καὶ λεγούσης τῆς διανοίας φεύγειν τι ἢ διώκειν, οὐ κινεῖται. *Ibid.*, 10 : Ὁ μὲν νοῦς οὐ φαίνεται κινῶν ἄνευ ὀρέξεως.

l'état de *nature*, dont toute volonté enveloppe et présuppose la spontanéité primordiale. La nature est toute dans le désir, le désir dans le bien qui l'attire. Ainsi se vérifie à la rigueur cette profonde parole d'un profond théologien : "La nature est la grâce prévenante." C'est Dieu en nous, Dieu caché par cela seul qu'il est trop au-dedans, et dans ce fonds intime de nous-mêmes, où nous ne descendons pas [1].

V. Enfin, jusque dans la sphère de l'entendement pur et de la raison abstraite [2], la loi de l'habitude se retrouve encore, et par conséquent aussi le principe de cette loi, la spontanéité naturelle.

1. Fénelon, *De l'exist. de dieu*, XCII ; Saint August., *Ap. eumd., ibid.* : "Intimior intimo nostro." – Aristote, *Eth., Eud.*, VII, 14 : Κινεῖ γάρ πως πάντα τὸ ἐν ἡμῖν θεῖον· λό–γου δ' ἀρχὴ οὐ λόγος ἀλλά τι κρεῖττον. Τί οὖν ἂν κρεῖττον καὶ ἐπιστήμης εἴποι (Ritter : εἴη), πλὴν θεός. Vico, *De l'ant. sag. de l'Ital.* (trad. Michelet), C. 6 : "Dieu est le premier moteur de tous les mouvements, soit des corps, soit des âmes. – Comme nous l'enseigne la Sainte Ecriture, nul de nous ne peut aller au Père, si le Père ne l'y traîne... etc."

2. Sur les habitudes de l'esprit, voir surtout M. de Biran, *Influence de l'habitude sur la faculté de penser.*

L'entendement se développe en même temps et dans le même sens que l'activité motrice, en sens inverse de la sensibilité, et de la passivité en général [1]. La passivité n'y est pourtant pas entièrement nulle. L'entendement, distingué de l'intuition simple, n'est pas l'activité toute pure. Toute perception distincte et toute idée impliquent, comme nous l'avons vu, une diversité qu'on se représente sous la forme d'une étendue, et dont on parcourt les intervalles par la pensée. Toute opération de l'entendement enveloppe l'imagination d'un mouvement. C'est le caractère qui l'a fait justement nommer la *raison discursive.* Or, on l'a vu également, tout mouvement implique, à quelque degré que ce soit, la passion. Tantôt c'est l'objet de l'entendement, qui lui donne l'impulsion ; il est alors comme entièrement passif. Tantôt c'est lui qui se met lui-même en mouvement, et alors il réunit en soi la passion et l'action : celle-là dans son mouvement, celle-ci dans l'attention qui fixe au mouvement intellectuel sa direction et sa fin.

Ici encore la continuité ou la répétition exerce, sur la passivité et sur l'activité, une influence contraire.

1. Voir plus haut, p. 31-32.

Toute perception, toute conception inattentive, involontaire, et, par conséquent, passive jusqu'à un certain point, s'efface peu à peu si elle se prolonge ou si elle se répète. Elle ne disparaît pas aussi complètement que la sensation ou le sentiment ; mais elle devient de plus en plus confuse, et de plus en plus échappe à la mémoire, à la réflexion, à la conscience. Au contraire, plus l'entendement ou l'imagination s'exercent à la synthèse successive des idées ou des images, plus elle leur est facile ; plus elle devient prompte, assurée et précise ; plus en même temps elle devient une tendance indépendante de la volonté. Les mouvements passifs de l'entendement tournent aussi de plus en plus au penchant. Ce ne sont pas, comme on l'a supposé, les idées ou les images qui s'appellent pour s'associer, qui s'attirent ou qui se précipitent les unes vers les autres avec une vitesse croissante, comme des corps gravitant dans l'espace. Dans des images et des idées, il n'y a pas de mouvement et de principe de mouvement. Ce n'est pas l'*association des idées* qui explique l'habitude [1] ; c'est par la loi, c'est

1. Comme le prétend Dug. Stewart (*Philos. de l'esprit hum.*, II, 14 sqq.) contre Reid. Hume et Hartley, de même ;

par le principe de l'habitude que s'explique l'association des idées. Ce penchant où l'activité de l'entendement et de l'imagination s'absorbe par degrés, c'est la spontanéité naturelle développée dans le mouvement, entraînant comme dans un courant rapide l'attention, la volonté, la conscience elle-même, dispersant en même temps et répandant de toutes parts en une diversité indéfinie d'idées et d'images indépendantes, comme en une vie diffuse et multiple, l'unité et l'individualité de l'intelligence. Ainsi, dans le torrent de la circulation, succèdent de plus en plus à l'impulsion première du cœur, à mesure qu'on s'en éloigne, la tonicité propre et l'énergie diffuse des ramifications du système vasculaire.

Enfin, cet état de *nature*, où l'habitude réduit la pensée, comme elle y ramène la volonté et le mouvement, c'est la condition et la source première de toute pensée distincte, comme c'est celle de toute volonté expresse et de tout mouvement déterminé. Comment délibérer de saisir dans le présent ou de ressaisir dans le passé

Hume, en supposant une sorte d'attraction entre les idées; Hartley, au moyen de l'hypothèse non moins arbitraire de l'enchaînement des vibrations des nerfs.

une idée absente ? Ou l'on cherche ce que l'on sait, ou l'on ne sait ce que l'on cherche. Avant l'idée distincte que cherche la réflexion, avant la réflexion, il faut quelque idée irréfléchie et indistincte, qui en soit l'occasion et la matière, d'où l'on parte, où on s'appuie. La réflexion se replierait vainement sur elle-même, se poursuivant et se fuyant à l'infini [1]. La pensée réfléchie implique donc l'immédiation antécédente de quelque intuition confuse où l'idée n'est pas distinguée du sujet qui la pense, non plus que de la pensée. C'est dans le courant non interrompu de la spontanéité involontaire, coulant sans bruit au fond de l'âme, que la volonté arrête des limites et détermine des formes.

En toute chose, la Nécessité de la nature est la chaîne sur laquelle trame la Liberté. Mais c'est une chaîne mouvante et vivante, la nécessité du désir, de l'amour et de la grâce.

1. Aristote, *Eth. Eud.*, VIII, 14 : Οὐ γὰρ ἐβουλεύσατο βουλευσάμενος, καὶ τοῦτ' ἐβουλεύσατο, ἀλλ' ἔστιν ἀρχή τις, οὐδ' ἐνόησε νόησας πρότερον νοῆσαι, καὶ τοῦτο εἰς ἄπειρον· οὐκ ἄρα τοῦ νοῆσαι ὁ νοῦς ἀρχή, οὐδὲ τοῦ βουλεύσασθαι βουλή·

Voir sur ce point, comme aussi sur le caractère de la *nature*, le profond métaphysicien Cesalpini, *Quaest. peripatet.*, II, 4.

VI. En résumé, l'Entendement et la Volonté ne se rapportent qu'à des limites, à des fins, à des extrémités. Le mouvement mesure les intervalles. L'intervalle implique la continuité, indéfiniment divisible, du milieu. La continuité implique le moyen terme indivisible, où, dans toute l'étendue du milieu, à quelque distance que ce soit de l'un ou de l'autre extrême, les extrêmes se touchent, et les contraires se confondent. L'intelligence des limites, comme de limites distinctes, enveloppe donc l'intelligence des milieux ; et le vouloir d'une fin, le vouloir des moyens. Ce vouloir et cette intelligence ne peuvent encore être médiats, et ainsi à l'infini. Jamais on n'épuiserait, et jamais, par conséquent, on ne réintégrerait le milieu, indéfiniment divisible. L'intelligence et la volonté médiates des extrémités enveloppent donc une intelligence et une volonté immédiates des milieux. L'intelligence et la volonté immédiates sont comme le moyen terme en mouvement dans toute l'étendue du milieu. Les extrêmes s'y touchent partout, le principe et la fin s'y confondent. Cette intelligence immédiate, c'est la pensée concrète, où l'idée est confondue dans l'être. Cette volonté immédiate, c'est le désir, ou plutôt l'amour, qui possède et qui désire en même temps. Cette pensée et ce désir, cette idée substantialisée dans le mouvement de l'amour, c'est la Nature.

L'entendement et la volonté ne déterminent rien que de discret et d'abstrait. La nature fait la continuité concrète, la plénitude de la réalité.

La volonté se porte aux fins ; la nature suggère et fournit les moyens.

L'Art, œuvre de la volonté, n'a de prise que sur les limites, les dehors, les surfaces ; il n'a d'action que sur l'extériorité du monde mécanique, et d'instrument à lui que le mouvement. La nature travaille au-dedans, et, jusque dans l'art, fait seule la profondeur et la solidité.

La Science, œuvre de l'entendement, trace et construit les contours généraux de l'idéalité des choses. La nature seule, dans l'expérience, en donne l'intégrité substantielle. La science circonscrit, sous l'unité extensive de la forme logique ou mathématique. La nature constitue, dans l'unité intensive, dynamique de la réalité[1].

Entre le dernier fonds de la nature et le plus haut point de la liberté réflexive, il y a une

1. Sur l'opposition de la connaissance *circonscriptive* et de la connaissance *constitutive*, cf. Kant, *Crit. de la rais. pure*.

infinité de degrés qui mesurent les développements d'une seule et même puissance, et à mesure qu'on s'élève, à mesure aussi augmente, avec la distinction et l'intervalle des contraires, l'étendue, condition de la science. C'est comme une spirale dont le principe réside dans la profondeur de la nature, et qui achève de s'épanouir dans la conscience.

C'est cette spirale que l'habitude redescend, et dont elle nous enseigne la génération et l'origine.

L'habitude est donc renfermée dans la région de la contrariété et du mouvement. Elle reste au-dessous de l'activité pure, de l'aperception simple, unité, identité divine de la pensée et de l'être ; et elle a pour limite et fin dernière l'identité imparfaite de l'idéal et du réel, de l'être et de la pensée, dans la spontanéité de la nature. L'histoire de l'Habitude représente le retour de la Liberté à la Nature, ou plutôt l'invasion du domaine de la liberté par la spontanéité naturelle.

Enfin, la disposition dans laquelle consiste l'habitude et le principe qui l'engendre ne sont qu'une seule et même chose : c'est la loi primordiale et la forme la plus générale de l'être, la tendance à persévérer dans l'acte même qui constitue l'être.

l'effleurer grâce à une intuition furtive. Peu importe finalement que cette vérité soit saisie, c'est avant tout ce mouvement vers le mystère, cette percée dans l'obscurité du monde qui fait l'excitation du texte et sans doute le moteur de la curiosité des hommes. C'est bien de désir qu'il s'agit, le désir de s'approcher de la substance palpitante des êtres, d'en sentir les imperceptibles soubresauts, d'en déceler les modulations intimes. Audace enfin du choix d'un sujet a priori mineur, l'habitude, qui devient la pierre angulaire d'une réflexion de portée métaphysique. Ravaisson analyse ce thème ordinairement synonyme de répétition et de monotonie pour en affirmer la puissance métamorphique et libératrice. Comprendre la loi de l'habitude, c'est pénétrer dans la logique de la nature en imitant le mouvement du réel. Réveiller l'esprit, refuser son assoupissement et l'installation dans la matérialité "qui met en nous l'oubli". "Démêler la liberté sous le mécanisme", tel est paradoxalement le rôle de cette étude de l'habitude. Renversant les représentations pesant sur la question de l'habitude, Ravaisson nous déleste de celles qui pèsent sur l'existence toute entière.

L'apparente modestie de l'écriture n'occulte pas l'ambition du projet. L'espace, le temps, la conscience, la réflexion et la mémoire, l'idée et l'être, la durée ; une telle concentration de concepts pourrait épuiser l'enthousiasme premier de la recherche philosophique. Au contraire, elle semble s'en nourrir, s'amplifiant au fur et à mesure qu'elle les consume dans le feu de sa réflexion. Car plus la pensée s'exerce à comprendre, plus la compréhension est rapide. L'écriture de Ravaisson témoigne de cette accélération de l'intelligence, qui n'est précisément que l'un des effets de l'habitude dont il décrypte pour nous les vertus dynamiques. L'habitude exalte, intensifie. Ainsi contre toute attente, Ravaisson esquisse la possibilité d'une forme d'intelligence délestée de l'inévitable inertie de la conscience. L'étude de l'habitude nous enseigne que sortir du champ de la conscience permet plus d'efficacité. "L'action devient plus libre et plus prompte, elle devient davantage une tendance qui n'attend plus le commandement de la volonté." Le sujet retrouve la puissance de la nature dans cette seconde nature que l'habitude crée en lui. Cet éloge d'une spontanéité, d'une intériorisation inconsciente qui seconde la conscience, puis la précède, conduit Ravaisson à accorder sa confiance à l'intuition, "acte inexplicable d'intelligence et de désir", dépassant l'intellect prisonnier de ses propres catégories.

Peu importe donc si tout n'est pas absolument clair après la première lecture. Il reste au lecteur cette énergie de la pensée que lui transmet le texte. Ce manifeste pour l'intelligence vive peut sembler énigmatique. A chacun de se l'approprier au fil des relectures. *De l'habitude* n'est pas un texte que l'on se contente de lire une fois pour l'oublier. Il nous habite et nous force à le relire par l'excitation, la curiosité et l'espoir confus qu'il a créés en nous. On le lira encore pour l'intérioriser, pour s'approprier cette vision familière des choses, cette acuité du regard, à même de pénétrer au cœur du vivant et de la matière, cette attention aux rythmes secrets du monde qui s'ébauchent déjà en nous dans les battements du cœur, échos intérieurs d'une vie qui s'épanche hors de nous. *De l'habitude* révèle cette continuité des êtres, ces liens que la pensée mathématique défait, créant du discontinu et de la solitude là où les résonances et les analogies dévoilent les proximités. Bergson bien sûr se souviendra de la leçon magistrale du jeune Ravaisson, célébrant la pensée dynamique dans un monde dominé par la paralysie de la matière. Contaminée par cet immobilisme, la pensée elle-même est tentée de se construire comme un édifice, par pavés successifs, au lieu de se nourrir de feux follets, de parcourir les espaces de savoir et de culture, de rejaillir d'un domaine à un autre, dans un élan sans fin. Décloisonner, s'aventurer dans des références non philosophiques, sans domaines proscrits, sans frontières pour la pensée. Il n'est rien qu'elle ne doive s'interdire de réfléchir, d'explorer, de vivifier. C'est cette liberté intellectuelle qui traverse le texte de Ravaisson et lui donne cette vibration toute particulière. Ravaisson nous rappelle que la philosophie n'est pas un pensum abrutissant, un travail d'archivistes de réflexions passées. Elle n'embrasse pas les pensées refroidies, mais les éveille, les échauffe jusqu'à leur incandescence. La pensée philosophique excite le réel, le met en branle, en révèle les rythmes intérieurs. Si la réflexion est parfois tentée de se répéter en se copiant et s'appauvrissant, Ravaisson lui rappelle son rôle d'aiguillon de l'expérience. Elle sollicite, étonne, en présentant le monde tel que nous ne sommes plus capables de l'appréhender, englués dans des représentations figées. La pensée n'est pas une puissance de séparation et d'oubli. Elle n'est pas là pour distinguer les réalités, mais pour dévoiler les liens.

Ce texte, écrit comme un poème fleuve, dont l'énergie et l'émotion rappellent parfois l'exaltation d'une lecture mystique, nous incite à penser, à prendre confiance en notre propre intelligence, à cesser de nous résigner, à dépasser des limitations que nous instaurons nous-mêmes. Il ne pose pas de limite, il les efface. L'illimité devient le seul champ d'horizon de la réflexion. Le monde n'est pas fait de barrières, de différences insurmontables, il est fait de similitudes qui rapprochent les réalités les plus éloignées. La recherche philosophique retrouve sa nature première, l'enthousiasme. Ravaisson réussit le pari improbable de nous transmettre cette envie et ce courage d'oser savoir, de refuser l'excuse de la complexité du monde, et nous aide à y déceler les analogies qui le simplifient sans réduire sa richesse. Le monde devient ce chant, dont le rythme nous guide et nous entraîne à la fois.

CLAIRE MARIN

NOTE SUR LE TEXTE : La première édition de *De l'habitude* a été publiée à Paris en 1838 aux éditions Fournier et Cie. C'est l'édition de référence, sur laquelle nous nous sommes basés. Le texte fut repris en janvier 1894 dans la *Revue de Métaphysique et de Morale*, avec quelques erreurs. En 1927, les éditions Félix Alcan ont republié la version de 1838 avec une introduction de Jean Baruzi. En 1984, les éditions Fayard ont choisi de faire figurer la version de 1894 dans le Corpus des Œuvres de philosophie en langue française. C'est cette même version qui fut reprise par les éditions Payot en 1997, avec une introduction de Frédéric de Towarnicki. Enfin, les Presses universitaires de France sont revenues au texte original pour leur édition de 1999, présentée par Jacques Billard.

TABLE

DANS LA MÊME COLLECTION

Anonyme : *A fleur de peau*

Anonyme : *Confession sexuelle d'un anonyme russe*

Anonyme : *Coplas*

Anonyme : *Dirty Comics I*

Anonyme : *Dirty Comics II*

Anonyme : *L'Ecole des filles I*

Anonyme : *L'Ecole des filles II*

Anonyme : *La Fameuse Comédienne*

Anonyme : *Incitation à l'amour de Dieu*

Anonyme : *Journal d'un morphinomane*

Anonyme : *Rapport secret du Pentagone sur le changement climatique*

Anonyme : *Les Rêveries du toxicomane solitaire*

Anonyme : *Vivent les voleurs !*

Anonyme : *La Voie suprême selon le yoga tibétain*

Theodor W. Adorno : *Le Caractère fétiche dans la musique*

Al-Fârâbî : *La Philosophie de Platon*

Al-Fârâbî : *De l'obtention du bonheur*

Al-Kindi : *De Radiis*

Günther Anders : *Et si je suis désespéré, que voulez-vous que j'y fasse ?*

Günther Anders : *George Grosz*

Louis Aragon / Benjamin Péret / Man Ray : *1929*

Hannah Arendt : *Walter Benjamin 1892-1940*

Pierre Arétin : *La Vie des nonnes*

Pierre Arétin : *La Vie des femmes mariées*

Pierre Arétin : *La Vie des courtisanes*

Pierre Arétin : *L'Education de la Pippa*

Pierre Arétin : *Les Roueries des hommes*

Pierre Arétin : *La Ruffianerie*

Aristote : *Problème XXX*

Pierre Auriol : *La Fin du voyage*

Georges Bataille : *La Mutilation sacrificielle et l'oreille coupée de Vincent Van Gogh*

Roberto Bazlen : *Trieste*

Bruce Bégout : *Zéropolis*

Bruce Bégout : *Lieu commun*

Hans Bellmer : *Petite Anatomie de l'image*

Walter Benjamin : *L'Œuvre d'art à l'époque de sa reproductibilité technique*

Walter Benjamin : *Paris, capitale du XIXe siècle*

Michèle Bernstein : *Tous les chevaux du roi*

Rachel Bespaloff : *De l'Iliade*

David Bessis : *Sprats*

David Bessis : *Ars grammatica*

Jean François Billeter : *Chine trois fois muette*

Jean François Billeter : *Leçons sur Tchouang-tseu*

Jean François Billeter : *Contre François Jullien*

Marc Bloch : *Réflexions d'un historien sur les fausses nouvelles de la guerre*

David Bosc : *Sang lié*

Jacques-Bénigne Bossuet : *Bernard, que prétends-tu dans le monde ?*

Grégoire Bouillier : *Rapport sur moi*

Grégoire Bouillier : *L'Invité mystère*

David Bosc : *Sang lié*

Michel Bounan : *Incitation à l'autodéfense*

Michel Bounan : *L'Etat retors*

Michel Bounan : *L'Art de Céline et son temps*

Michel Bounan : *L'Impensable, l'indicible, l'innommable*

Michel Bounan : *La Vie innommable*

Michel Bounan : *Sans valeur marchande*

Michel Bounan : *Logique du terrorisme*

Michel Bounan : *Le Temps du sida*

Hermann Broch : *Quelques remarques à propos du kitsch*

Thomas Browne : *Lettre à un ami*

Giordano Bruno : *De la magie*

Giordano Bruno : *Des Liens*

Tina Bueno : *La Mer*

Lord Byron : *Poèmes*

Giulio Camillo : *Le Théâtre de la mémoire*

Dino Campana : *Chants orphiques*

Duncan Campbell : *Surveillance électronique planétaire*

Georges Canguilhem : *Vie et mort de Jean Cavaillès*

Giacomo Casanova : *Le Duel*

Giacomo Casanova : *Ma voisine, la postérité*

Giacomo Casanova : *Soliloque d'un penseur*

Giacomo Casanova : *Lana caprina*

Giacomo Casanova : *Histoire de ma fuite des prisons de Venise qu'on appelle les plombs*

Eric Chauvier : *Anthropologie*

Noam Chomsky : *Sur le contrôle de nos vies*

Bernard de Clairvaux : *Qu'il me baise d'un baiser de sa bouche !*

Thomas Clerc : *Maurice Sachs le désœuvré*

Richard Cobb : *Marseille*

Jean Cocteau : *Le Cordon ombilical*

Samuel Taylor Coleridge : *Notebooks*

Colerus / Lucas : *Vies de Spinoza*

Bruno Corra : *Sam Dunn est mort*

Astolphe de Custine : *Résumé du voyage en Russie*

Cyber Trash Critic : *Je suis le peuple qui manque*

Arsène Darmesteter : *Le Talmud*

Mike Davis : *Au-delà de Blade Runner*

Giacomo Debenedetti : *16 octobre 1943*

Etienne-Jean Delécluze : *Le Mécanicien roi*

Thomas De Quincey : *Les Derniers Jours d'Emmanuel Kant*

Robert Desnos : *Jack l'Eventreur*

R.W. Emerson : *La Nature*

Friedrich Engels : *Esquisse d'une critique de l'économie politique*

Hans Magnus Enzensberger : *Les Rêveurs de l'absolu*

Marsile Ficin : *Quid sit lumen*

Pavel Florenski : *Hamlet*

Hélène Frappat : *Sous réserve*

Joseph Gabel : *Mensonge et maladie mentale*

Hans-Georg Gadamer *: Nietzsche l'Antipode.*

Federico Garcia Lorca : *Complaintes gitanes*

Eugenio Garin : *Hermétisme et Renaissance*

Eugenio Garin : *Machiavel entre politique et histoire*

Goethe : *La Fête de saint Roch à Bingen*

Pierre Hadot : *Eloge de la philosophie antique*

Pierre Hadot : *Eloge de Socrate*

Raoul Hausmann : *Hourra ! Hourra ! Hourra !*

Raoul Hausmann : *Sensorialité excentrique*

Nathaniel Hawthorne : *L'Artiste du beau*

Nathaniel Hawthorne : *Le Hall de l'imagination*

William Hazlitt : *Du plaisir de haïr*

Werner Heisenberg : *Le Manuscrit de 1942*

Moshe Idel : *Les Kabbalistes de la nuit*

Ian Jack : *Klever Kaff*

Roman Jakobson : *La Génération qui a gaspillé ses poètes*

Hans Robert Jauss : *Petite Apologie de l'expérience esthétique*

Samuel Johnson : *Le Paresseux*

Sören Kierkegaard: *Diapsalmata*

Jamie Lincoln Kitman: *L'Histoire secrète du plomb*

Alexandre Koyré : *Réflexions sur le mensonge*

Alexandre Koyré : *La Cinquième Colonne*

Alexandre Koyré : *Paracelse*

Alfred Kubin : *Le Cabinet de curiosités*

Alfred Kubin : *Le Travail du dessinateur*

Alfred Kubin : *Ma vie*

Paul Lafargue : *Le Droit à la paresse*

W. S. Landor : *Conversation imaginaire entre Diogène et Platon*

Valery Larbaud : *Lettre d'Italie*

Hadrien Laroche : *Les Orphelins*

Nathalie Léger : *Les Vies silencieuses de Samuel Beckett*

Giacomo Leopardi : *Pensées*

Giacomo Leopardi : *Journal du premier amour*

Giacomo Leopardi : *Palinodie*

Giacomo Leopardi : *Huit petites œuvres morales inédites*

Giacomo Leopardi : *"Adieu ma chère pillule"*

Jean Levi : *Propos intempestifs sur le Tchouang-Tseu*

Prince de Ligne : *Fragment sur Casanova*

Hélène Ling : *Lieux-dits*

Jack London : *Pour cent dollars de plus*

Pierre Louÿs : *Manuel de civilité pour les petites filles*

Pierre Louÿs : *Pybrac*

Pierre Mabille : *Thérèse de Lisieux*

Maïmonide : *Lettre sur l'astrologie*

Kazimir Malevitch : *La Paresse comme vérité effective de l'homme*

Piero Manzoni : *Contre rien*

Greil Marcus : *Sly Stone : le mythe de Staggerlee*

Francesco Masci : *Superstitions*

Karl Marx : *Le Caractère fétiche de la marchandise et son secret*

Karl Marx : *Contribution à la critique de la philosophie du droit de Hegel*

Lorenzino de Médicis : *Apologie*

Herman Melville : *Bartleby*

Franz Anton Mesmer : *Mémoire sur la découverte du magnétisme animal*

Henry Miller : *Lire aux cabinets*

Valérie Mréjen : *L'Agrume*

Valérie Mréjen : *Mon Grand-père*

Valérie Mréjen : *Eau Sauvage*

Robert Musil : *De la bêtise*

Friedrich Nietzsche : *Fragments posthumes sur l'éternel retour*

Friedrich Nietzsche : *La Vision dionysiaque du monde*

Jean Norton Cru : *Du témoignage*

Novalis : *Le Monde doit être romantisé*

Patrik Ourednik : *Europeana. Une brève histoire du vingtième siècle*

Patrik Ourednik : *Instant propice, 1855*

Franz Overbeck : *Souvenirs sur Nietzsche*

Paillot de Montabert : *Dissertation sur les peintures du Moyen Age*

Clément Pansaers : *L'Apologie de la paresse*

Clément Pansaers : *Bar Nicanor*

Clément Pansaers : *Le pan pan au cul du nu nègre*

Kostas Papaioannou : *De la critique du ciel à la critique de la terre*

Kostas Papaioannou : *Hegel et Marx : l'interminable débat*

Lucius de Patras : *L'Âne*

Jean Paulhan : *Lettre à un jeune partisan*

Péchon de Ruby : *La Vie généreuse des Mercelots, Gueux et Bohémiens*

Francis Picabia : *Jésus-Christ Rastaquouère*

Edgar Allan Poe: *Marginalia*

Dolores Prato : *Brûlures*

Samson Raphaelson : *Amitié*

Félix Ravaisson : *De l'habitude*

Denys Ridrimont : *Lettre à Anne*

Oliver Rohe : *Défaut d'origine*

Oliver Rohe : *Terrain vague*

Henri Rollin : *Une mystification mondiale*

Pio Rossi : *Dictionnaire du mensonge*

Bertrand Russell : *Eloge de l'oisiveté*

Luigi Russolo : *L'Art des bruits*

Sappho : *L'Egal des dieux*

Alberto Savinio : *L'Intensité dramatique de Leopardi*

Alberto Savinio : *Dix procès*

Alfred Schütz : *L'Etranger*

Marcel Schwob : *Etudes sur l'argot français*

Marcel Schwob : *Le Livre de Monelle*

William Shakespeare : *Vénus et Adonis*

Georg Simmel : *Rome, Florence, Venise*

Sergio Solmi : *La Santé de Montaigne*

Spinoza : *Traité de l'amendement de l'intellect*

Hilary Spurling : *La Grande Thérèse*

Robert Louis Stevenson : *Will du moulin*

Robert Louis Stevenson : *Une apologie des oisifs*

Robert Louis Stevenson : *Virginibus Puerisque*

Patrick Straram : *Les Bouteilles se couchent*

Leo Strauss : *Le Platon de Fârâbî*

Leo Strauss : *Sur une nouvelle interprétation de la philosophie politique de Platon*

Karel Teige : *Le Marché de l'art*

Stefan Themerson : *Les Aventures de Peddy Bottom*

Stefan Themerson : *Ouah ! Ouah ! ou Qui a tué Richard Wagner ?*

Alexis de Tocqueville : *Sur le paupérisme*

John Toland : *Clidophorus*

Tatiana Tolstoï : *Sur mon père*

Giuseppe Tomasi di Lampedusa : *Byron*

Giuseppe Tomasi di Lampedusa : *Shakespeare*

Giuseppe Tomasi di Lampedusa : *Stendhal*

Nick Tosches : *Confessions d'un chasseur d'opium*

Lope de Vega : *Soliloques amooureux d'une âme à Dieu*

Giambattista Vico : *Vici Vindiciae*

Giambattista Vico : *Vie de Giambattista Vico écrite par lui-même*

Jordi Vidal : *Résistance au chaos*

Antonio Vieira : *Sermon du bon larron*

Alexandre Vvedenski : *Un Sapin de Noël chez les Ivanov*

Oscar Wilde : *La Ballade de la geôle de Reading*

Oscar Wilde : *Le Déclin du mensonge*

Johann Joachim Winckelmann : *Réflexions sur l'imitation des œuvres grecques en peinture et en sculpture*

Patrick Wotling : *La Pensée du sous-sol*

Jan Zabrana : *Toute une vie*

ACHEVÉ D'IMPRIMER EN ITALIE
EN FÉVRIER 2007
POUR LE COMPTE DES ÉDITIONS ALLIA

ISBN : 978-2-84485-236-6
DÉPÔT LÉGAL : FÉVRIER 2007